アクティブ・ラーニング実践集
世界史

及川俊浩
Oikawa Toshihiro

杉山比呂之
Sugiyama Hiroyuki

編

山川出版社

はじめに

　2022年より施行される学習指導要領の改訂の方向性については，すでにさまざまなところで目にしたり，耳にしたりしていることと思います。

　何ができるようになるか・何を学ぶか・**どのように学ぶか**，これらのキーワードをもとに少し考えてみましょう。

　何ができるようになるか，では，①知識・技能，②思考力・判断力・表現力等，③学びに向かう力・人間性等，の3点が掲げられており，2018年7月に出された高等学校学習指導要領解説地理歴史編の地理歴史科の目標（29ページより）にも示されています。

　何を学ぶか，では，従来の科目に変わり，歴史総合・日本史探究・世界史探究となります。特に歴史総合は「新しい歴史の科目」と考えている方もいるかと思います。日本史探究・世界史探究にしても単位数が4単位から3単位になることで，従来の日本史B・世界史Bの授業とは異なるアプローチが求められると感じます。

　本題の**どのように学ぶか**。ここで登場するキーワードが「主体的・対話的で深い学び」です。この視点に立った**授業改善**を行うことで，学校教育における質の高い学びを実現し，学習内容を深く理解し，資質・能力を身に付け，生涯にわたって**能動的（アクティブ）**に学び続けるようにすること，と示されています。

　生活の場としての社会が変化してきているなかで，従来の学習指導要領による教育では変化している社会に巣立っていく生徒の育成に対応していくことが難しくなってきていると思います。そこで教科的な中身だけではなく，その教え方（授業）も変えていくことを意図しているのではないでしょうか。何を変えるのか，どのように変えるのか，そもそも変える必要性があるのか。さまざまなご意見があるでしょうが，変えるべきです。

　ではどのように変えたらいいのか。悩んでいる先生方は全国にたく

さんいるように聞いています。したがって本書はこれから授業改善を行おうと考えている先生方，あるいはこれから教職を目指そうとする学生向けと考えております。もうすでに改善を進めてきている先生方には少々物足りないかもしれません。読む際には，以下の点に注意していただきたいと考えております。

①掲載されている授業の内容は，執筆者が勤務校において目の前の生徒との活動を通して行っているものです。
②したがってこの本を読む方々がその授業の内容をそのまま真似をして行った場合，うまくいかないことがほとんどであると思われます。
③そのため，本書をマニュアルとして利用することはお薦めしません。エッセンスを感じ取るなどしていただき，使えそうな部分を活かして授業の改善をはかる材料として利用されることをお薦めします。
④目の前の生徒のため，ご自分が担当される授業をより良くするための叩き台としてお使い下さい。

なお，姉妹本として『アクティブ・ラーニング実践集　日本史』も同時に刊行されていますので，両方お読みいただくとより改善のヒントが得られると思います。

編　者

アクティブ・ラーニング実践集　世界史
目次

はじめに

実践1　「ウルのスタンダード」を観察したら……　2

実践2　モンゴルから旅立つ遊牧民の世界　11

実践3　イスラームを知る　ブルカをかぶるの納得解は？　21

実践4　教科書の地図を用いた授業展開　ビザンツ帝国1000年の歴史　29

実践5　中世ヨーロッパの荘園に生きる人々　36

実践6　唐にはどのような宗教が流れてきたか？　42

実践7　教科書の史料を用いた授業展開
　　　　権利の章典からみえるイギリス　51

実践8　産業革命　MVSと相互評価　56

実践9　東アジアの激動　アヘン戦争　66

実践10　風刺画を用いた授業展開　中国分割から日露戦争について　76

実践11　パズルで学ぶ第一次世界大戦開戦までの流れ
　　　　　二大陣営形成への動きについて　83

おわりに

アクティブ・ラーニングに関するおすすめの書籍　91

---コラム---
① 古地図の有用性　8 ／② 美術の対話型鑑賞から得られる史資料読み解きのためのティップス（Tips）　19 ／③ 「対話」と教員の専門職性　27 ／④ グループ発表の作法　34 ／⑤ 教科書のもととなった史料の読み取り　49 ／⑥ 「深い学び」を実現するための問い　63 ／⑦ 振り返りシート・評価の工夫について　73 ／⑧ 問いとそのタイミング　82 ／⑨ 生徒に問題を作成させる　88

※本書では『詳説世界史　改訂版』（〈世 B310〉山川出版社，2016年文部科学省検定済，2018年発行）を『詳説世界史』と，『要説世界史　改訂版』（〈世 A318〉山川出版社，2017年文部科学省検定済，2018年発行）を『要説世界史』と表記した。

姉妹本　日本史編の構成

- **実践1**　授業のあけぼの　歴史学習のイントロダクション
- **実践2**　平城京の下級役人は，なぜ借金をする必要があったのか？
- **実践3**　グループワークで御成敗式目を読み込む
- **実践4**　室町時代の一流人をどのようにおもてなしするのか？
- **実践5**　戦国時代はいつ終わったのか？
- **実践6**　徳川綱吉の政治は人々をいたわり慈しむ政治であったのか？
- **実践7**　近世の百姓一揆の「作法」とは？　百姓一揆のイメージ転換を目指す
- **実践8**　幕末・開港の影響　相互評価をつうじて学びを深める
- **実践9**　風刺画の調理方法　第一次世界大戦
- **実践10**　『ちびまる子ちゃん』の設定は何年頃か？
　　　　　ALで「近代家族」の理解を目指す

コラム

① 改めて考える評価　キーワードは都立＆看護!?／② 歴史の授業において問いをどのように設定するか？／③ 歴史資料を活用した学習／④ "やってみなはれICT" 日本史の学習にICTを／⑤ 能楽を活用して文化史を学ぶ／⑥ 「学ぶ」を広げる　歴史のフィールドワーク／⑦ おすすめの教育手法／⑧ "場"をどうやってつくるのか？　教員は場づくリスト!?／⑨ 「グローバル・ヒストリー」を理解するためのブックガイド

アクティブ・ラーニング実践集

世界史

実践 1

「ウルのスタンダード」を観察したら……

荒井雅子

■ 目標

　本実践では，世界史学習の導入として，フォトランゲージ的手法(後述)を用いて「ウルのスタンダード」の「平和」と「戦争」を観察する。「ウルのスタンダード」は，イラク南部のウルにある王家の墓でみつかったモザイクで飾られた木製の箱で，両面のモザイクはそれぞれ「平和」「戦争」と呼ばれている。

　この実践は勤務校の選択世界史の導入として実施したが，『詳説世界史』の序章「先史の世界」，第1章第1節「古代オリエント世界」で，それぞれ以下のように取り扱うことが考えられる。観察の手法とともに，アクティブ・ラーニング(AL)の活動に慣れさせることも，授業の狙いである。序章で扱う場合は，「平和」の場面のみ，第1章第1節の場合は「平和」と「戦争」の場面を用いることを想定している。

　序章：貢納されたものに注目し，王権(国家)と農耕の関係を考えさせる。

　第1章第1節：戦いと生産の場面が描かれていること，国王が大きく描かれていることから，メソポタミア文明における王権とそれを支える軍事的・経済的基盤について考えさせる。

■ 授業の流れ

　50分を想定した授業の流れを以下に示した。

準備　周囲に書き込み用の余白を広く設けて，「ウルのスタンダード」の「平和」と「戦争」の写真を用意する(フォトランゲージ用紙，活動の過程をみることができる)。用紙はA3以上が望ましい。また，説明文，題名などを書き込むワークシートも準備する(活動の成果をみることができる)。詳細な評価が必要なければ，ワークシートは班単位で問題ないだろう。

導入[5〜10分]　班分けをし，班ごとに「平和」「戦争」1枚ずつの写真を配布する。余白にどのようなことでもよいので，気づいたことを書き込むように指示する。

展開1[5分]　最初に個人の活動として，写真に描かれていることを余白に書

き込む(文字化する)。ここではあまり時間を取らない。1人あたり○個以上書き込むようにと，ノルマを課してうながすことも考えたい。また，班のなかでほかの人と記述が重なってもよいこととする。このような活動に慣れていないことを前提に，「最初に気になったものは何だろう，面白いと思った(興味をもった)ものを探そう，想定外のものがあるだろうか」などの声をかけて，情報を引き出す助けにする。生徒が不足する情報を想像しながら言語化することをためらわないように，声をかけたい。

展開2［10分］　書き込まれた情報を整理する段階である。ここでは個人の情報を集団で共有し，必要であれば解釈を加えさせる。一人ひとりが意見表明をする時間を確保することが必要なので，まず，個人が気づいたことをほかのメンバーに説明する。一巡のあとに，どのようなことが描かれていたか，班のなかの情報を統合する。情報の整理に戸惑うことを想定し，気づきが多かった場所はどこか，など声かけをすること。

展開3［5分］　班の総意としての説明文をつくらせる。何を，どう説明してほしいのかを伝えることは難しいので，例文を示したり，300字などと文章量を提示したりするとよい。最後に説明文をもとにして，その場面を象徴する名前をつけさせる。

まとめ［10～15分］　それぞれの場面について，発表し，教室内で情報を共有する。時間がなければ発表する班を調整する。まとめについての課題を投げかけ，方向性を見いだしてもよい。自由な読解からは，ときとして誤解が生まれる場合がある。また，生徒は自分の班の結果だけを把握し，ほかの班の結論を聞き逃すこともあるので，それぞれの単元の理解につながるような総括を忘れずに行いたい。時間が足りない場合は，次の時間の冒頭を使い，適宜，整理するとよい。

展開時のポイント

歴史学習の課題の一つは取り扱うべき用語の多さだが，もう一つは具体的なモノ・コトに紛れて概念用語がさりげなく挿入されていることである。生徒は早速序章においてその壁に激突する。農耕の始まりと国家の形成の関係性を目にみえる形で示して，抽象的な話を具体的なモノ・コトから始めることができないだろうか，と考えた結果がこの試みである。

読み解きの素材である「ウルのスタンダード」は紀元前2600年～前2400年のものと推定され，大英博物館が所蔵しているが，幸いなことにインターネット

ワークシート（画像はユニフォトプレス提供）

上でも確認することができる。それぞれの面は「平和」と「戦争」と通称されているが，通称にとらわれることなく，何が描かれているか，何が示唆されているかを考えさせたい。以下に，描かれた情報の概略を示すが，必ずしも正解はなく，むしろ，「〜ではないか」，という可能性をもって読み解くことが意見交換や理解をうながすため，想像し，楽しみながら読み解く姿勢を維持させたい。

[平和] 上段に描かれている王と陪臣の宴の様子と，2段目以下の貢納の様子から身分制度を表していると表現する生徒もいた。下段になるにつれて，描かれた人物の服装が貧相になってくる，というのがその根拠であった。テーマ

とは離れているが，そのような読み解きの可能性も十分に考えられるだろう。牛，ヤギ，羊などの家畜とともに，袋のようなものを担いでいる人々が描かれている。栽培された小麦などの農作物ではないかと類推できる。ここから，王とそれに貢納する人々・貢納物に着目させ，農耕の可能性や，農業（生産経済）と余剰生産物と王権の関係性を説明するきっかけをつくることができるだろう。

　安定的な農業生産は貢納に結びつき，強い王権の根拠となりうることから，灌漑設備やジッグラトなどの歴史用語を，王権や国家などの抽象的な用語と結びつけて学習させることができる。このように具体的なものと結びつけることで，教科書に書いてあるから覚えるのではなく，資料を読み解いて，その理解の助けとして教科書を使うというように学習の方向性を変えて，生徒の活動を尊重した学びの機会をつくることができる。

　［戦争］　上段に描かれている王（中央に，ほかの人物よりも大きく描かれている）と2段目以下の戦闘の様子を観察し，王権の大きさや，それを支える軍事的な成功の重要性を含めて考えさせる。3段目は戦車に踏みつけられた戦士や，疾走する戦車の様子がリアルに描かれている。踏みつけられた戦士の服装に注目し，これらは奴隷のような身分の低い立場ではないだろうかと想像した生徒もいた。ほかにも，戦車の車輪にスポークがないことなど，必要に応じて話題を広げてもよいだろう。

　この活動は，ALの基本となる2人または4人の少人数グループ学習に慣れるという側面ももつ。そのため導入の際には，どのような発言や書き込みも否定しないような声かけをして，生徒の準備をうながすことが大切だろう。グループ学習だけがALの方法ではないが，グループ学習によって思考が深まる可能性があるため，全ての活動において，相手の意見を引き出す（受容する）雰囲気づくりは大切である。自分の意見が受け容れられるかどうかという懸念は，グループ学習を妨げる恐れがある。導入における声かけや，こまめな机間巡視によって，そうした要因を取り除きたい。

　授業の性質上，まとめ（最終的な理解の落としどころ）は教員が示したが，議論の結果である発表または説明文については，基本的には生徒の活動の成果として受容したい。

■ 授業で利用した手法について

　次に手法について確認する。今回の実践は，協同学習の代表的な活動の一つ，シンク・ペア・シェア（Think-Pair-Share）を援用している。これは協同学習で

推奨される情報共有の手法で，個人の活動を段階的にグループの活動（協同学習）に広げてゆく際に役に立つ。共有の際の方法や共有された情報の取り扱いについてさまざまなバリエーションがあり，今回は参加者一人ひとりの個人の活動を担保するという意味で採用した。本来であれば，個人の思考を2人ペアで共有し，さらに複数の仲間と共有するという流れがあるが，プロセスを細かく分割せず，個人活動から班活動へ，班活動からクラス活動へという流れをつくった。個人の思考もALになりうるが，より思考を深めるためには，個人の思考を共有してブラッシュアップさせたい。グループ学習はそのような場を提供してくれる。時間があれば，ぜひクラスで情報を共有し，まとめへの手掛かりとしたいが，班ごとに説明文という成果を作成するだけでもAL導入の活動としては十分だと考えている。

　グループ学習も，ALの基本的な学習単位としてよく利用されている。一般的に4人程度の規模が望ましいといわれ，実感としても，この規模は妥当なように思われる。各人の主体的な参加が望ましいが，活動に不慣れな間は，一人ひとりの役割（今回は個人が読み取った情報をほかの生徒に伝えること）を任せることで，全員の参加の機会を担保した。

　「ウルのスタンダード」の読み解きは，フォトランゲージの手法を使った。これは，写真の情報を，言語化する活動である。単に言語化するだけでなく，そこに疑問や分析などの解釈を加えることで参加者の意見交換がうながされるため，開発教育の導入やアイスブレイク（緊張をときほぐすための手法）の一つとして利用されることが多い。対象となるものとその説明が目に見える形でつながるので，情報抽出の方法としては優れている。ただし，写真のなかの情報は雑多であるので，授業のなかで利用するには多少の方向づけが必要となる。その点で，今回の方法は，純粋にフォトランゲージとはいえない。また，この手法では解釈や思いまで書き込むことが多いが，今回は絵画に描かれた情報を単純に文字化するにとどめているのも異なる点である。さらに，フォトランゲージは答えが一つに定まらないオープンエンドの問いが設定されることが多く，教室では利用しにくいという難点もある。しかし，今回の活動では，フォトランゲージの「気がついたことを自由に表現する」という導入のしやすさに注目し，自己表現に慣れるために援用した。また，今回の素材が風景などの写真ではなく出土品であることから，読み取った情報も雑多なものではなく，ある程度の方向性をもっているため，授業では利用しやすかった。

評価

　この実践は生徒が AL に慣れることに主眼をおくため，無理に評価に結びつける必要はないが，今回の素材でも評価が可能ないくつかの側面をあげておく。査定の対象となるのは，活動の成果物（個人や班で作業したワークシート）と活動の過程（フォトランゲージ用紙に書き込まれた情報）である。

　フォトランゲージ用紙は，活動の過程として，班活動の活発さをはかる指標として利用できる。この場合は，文字に書き起こされた情報の内容をみるよりも，どれだけ多くの情報を文字化したかという情報量を測定することを想定している。しかし，用紙に書き込まれた文字情報を読み解けば，生徒がどのような読み解きをしたのかという，読解の中身についても評価が可能であろう。ワークシートについては，以下の表に示したとおり，抽出した情報量の多さとともに，説明文の具体性などを考慮して評価することを想定している。必要に応じて，使い分けるのがよいだろう。

評価基準

評価	活動の成果物	活動の過程
評価対象物	ワークシート	フォトランゲージ用紙
1	未記入	未記入
2	スタンダードに描かれた情報を文字化できているものの，説明をきちんと伝えるには文字数が不足している。	中央値に満たないもの
3	スタンダードに描かれた情報を文字化できている。	定めた中央値と同程度に書き込みが見受けられるもの
4	スタンダードに描かれた情報を文字化し，さらに解釈を加えている。	中央値以上であるもの

【参考文献・ウェブページ】
ニール・マクレガー，東郷えりか訳『100 のモノが語る世界の歴史〈1〉文明の誕生』筑摩書房，2012 年
この本に関する大英博物館の特設ページ（British Museum, *A History of the World in 100 objects*）があり，「ウルのスタンダード」についても，以下のページに解説が掲載されている。British Museum, *12. Standard of Ur.*
（https://britishmuseum.org/explore/a_history_of_the_world/objects.aspx#12）（最終閲覧日：2019 年 2 月 18 日）

コラム①
古地図の有用性

荒井雅子

　教科書掲載の地図のなかでも，古地図に注目する。『詳説世界史』6頁には「幕末の庶民がみていた瓦版の世界地図（以下瓦版世界地図）」という，興味深い古地図が載っている。庶民，瓦版という表記から，19世紀半ばの日本ではこのような世界観がすでに一般の庶民の間に流布していたことが類推され，興味深い。この地図に類似したものが184頁の「坤輿万国全図」である。前後関係を明確にするなら「坤輿万国全図」をまねてあとの時代に描かれたものが「瓦版世界地図」である。どちらも我々が認識している世界地図によく似ているが，ここでは現代の地図との差異に注目し，上記古地図を具体例として，アクティブ・ラーニングの素材として古地図も活用できるという話題を提供したい。

　「坤輿万国全図」は17世紀初頭の明朝で作製されたため，アジアが中央に描かれ，当時としては最新情報であるアメリカ大陸や太平洋が書き込まれた，現代の我々からすれば，比較的見慣れた形の地図に仕上がっている。しかし，大陸や島の大きさ，アジア諸国の位置関係などには精度の低さを感じる。さて，この不正確さが，当時の人々の空間認識から生じるものだとしたら，それは単なる不正確さではなく，その不正確さが生じた背景，当時の世界観について考える素材となるはずである。

　「坤輿万国全図」では，南方の大きな大陸に注目したい。これは南極ではなく，メガラニカという幻の南方大陸である。これは，『詳説世界史』200頁のオ

「坤輿万国全図」（宮城県図書館所蔵）

ルテリウスによる地図でも確認することができる，当時では比較的「常識的な」大陸であった。

　次に「瓦版世界地図」をみてみると，「坤輿万国全図」の要素が比較的コンパクトにまとまっているが，さすがに完成度は低そうだ。とはいえ，幕末期の日本人は，「黒船がきた！」といってもそれがアメリカからの船であることがわかれば，アメリカの位置関係を認識できる程度ではあったということが想像できる。ちなみに，「瓦版世界地図」でも幻の南方大陸がまだ描かれている。18世紀のクックの航海によりこの大陸の存在が否定され，欧米の地図からは南方大陸が消滅していくので，ここでは江戸時代の人々がいち早く世界を認識していたというリテラシーの高さに注目することもできるし，逆に，古い情報があまり更新されることなく引き継がれていたという事実にも気づくことができるだろう。

　「坤輿万国全図」との違いは，下部に絵が描き込まれていることかもしれない。右から，大人国，小人国，北あめりか，天竺三千リ，阿蘭陀一万二千リと読める。また，北極付近には夜人国という現在の我々からすると地図の情報なのかどうか，判別できない要素が描かれている。このように，古地図には「あると思われている」ものが描き込まれ，それらは伝統的な日本の世界観に由来するものが多い。ここから江戸時代の日本人は，西洋からの情報に伝統的な情報を上手に融合させて，つじつまを合わせながら理解していたことがわかる。

　細かく読むときりがないのだが，古地図を教材化する際に苦労するのは，背景となる資料の読み込みである。教材化するにはある程度の把握は必要だが，

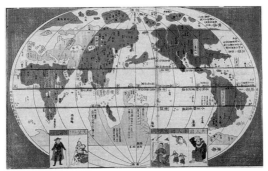

瓦版世界地図（「世界六大州」京都府立京都学・歴彩館所蔵）

それを解説しきると面白くない。ある程度は理解を進めたうえで，わからないものはわからないままで，生徒とともに頭をひねるのが面白い。授業のなかではできる限り生徒の手元に地図を置き，彼らが情報を抽出するに任せたいが，教科書掲載の古地図は紙面の関係で小さく，読みにくい。類似する古地図はインターネット上でより詳細なものをみつけることができるので，これらを教材として利用することもできる。

　地図のような，文字ではない資料を読解するには慣れや技術が必要になる。例えば，古地図上の雑多な情報のうち，授業で利用できる情報は限られているので，最初のうちは注目すべき事柄について，こちらで提示することが望ましいだろう。個人の活動でも，グループ活動でも，「〇〇に注目してください」という呼びかけとともに，描かれている事柄を文字で説明するようにうながすことが，古地図読解の最初のステップである。現在の地図と並べて比較させる，細部に注目する，全体の印象を聞くなど，問いかけを工夫して地図の上の情報を読み取っていく。何が描かれていたかの情報を生徒同士で共有することもよいだろう。情報を読み取る（インプット）だけでなく，アウトプットの作業も加えることで，生徒の活動を担保できる。情報の文字化に成功したならば，それが，どのような背景をもつのか，どのような事柄と結びつけられるのか，既習事項や周辺情報と合わせて，考えを深めさせたい。こちら側が想像もしなかった，面白い見方，深い考え方に出会うこともある。

　情報の抽出から解釈へ，小さな問いかけや共同作業によってこの細かいステップを保障することは，古地図の読解をよりスムーズにする。どのような問いや，どのような切り口をつくるかは教員の手にゆだねられているが，あまり細かくつくり込むことなく，古地図がみせてくれる「不正確さ」を生徒とともに楽しんではいかがだろうか。

【参考ウェブページ】
「坤輿万国全図」は，東北大学附属図書館の狩野文庫データベースのものが詳細な観察に適している。（「坤輿萬國全圖」http://www.i-repository.net/contents/tohoku/kano/ezu/kon/kon.html）（最終閲覧日：2019年2月6日）
国立歴史民俗博物館の「データベースれきはく」で，「瓦版世界地図」に類似した古地図を検索することができる。（https://www.rekihaku.ac.jp/doc/t-db-index.html）（最終閲覧日：2019年2月6日）

実践 2

モンゴルから旅立つ遊牧民の世界

海上尚美

■ 目標

　アジアは広く，多様である。なかでも内陸アジアは，日本で育ってきた者にはその風土や生活を具体的にイメージすることは難しい。遠い昔からこの地域で活躍した騎馬遊牧民は，ときに強力な指導者のもと大帝国を築きあげ，ユーラシア大陸の東西交易や文化交流に大きな役割をはたした。これらを理解するためには，遊牧文化の理解が欠かせない。そこで，実物資料や絵本などを用いて，遊牧民の生活を知り，世界史上大きな影響力をもった遊牧国家の特徴とその興亡がもたらしたものを考えるための基礎を養うことを目標とする。この授業ではモンゴルを例に遊牧民の生活を学び，異文化体験とその理解をめざし，国立民族学博物館の学習キット「みんぱっく」の「モンゴル―草原の香りを楽しむ」を使用した。「みんぱっく」は，もう10年以上使っている貸出教材である。世界のさまざまな地域の民族衣装や生活道具，それに関連した資料が一つのスーツケースに入って学校に届く。あまりにも多くのモノが入っているので，何をどのように使うかについては，事前に計画を練っておく必要がある。

■ 学校について

　本校は昼夜間定時制で単位制の学校である。三修制をとり，4年間の修業年限を基本としつつも，3年間での卒業も可能である。

　世界史Bは2〜4年次の自由選択科目で4単位(45分×2コマ連続×週2回)である。今年度，筆者は世界史Bを2講座担当しており，世界史B②講座では22人，世界史B③講座では7人が履修登録している。教材借用のタイミングなどの兼ね合いもあり，古代ギリシア・ローマが終わったところで，テーマ学習として取り入れた。

■ 展開

展開1（1回目45分×2コマ）

　このテーマに割いた時間は4コマである。1回目はモンゴルとはどのような国かを知り，衣装やモノの体験からモンゴルの生活を理解する。衣装と細かい

ワークシート

モノ資料の扱いやすさから，和室を授業場所とした。机と椅子から離れることで，生徒がリラックスして楽しめることもねらいであった。

【1時間目】
導入
　紙芝居プレゼンテーション法（KP法）で，授業の主旨を説明する。和室は黒板がないので，柱にマスキングテープで縦に「KPスライド」を貼りつけていく。生徒たちは，畳の上でおのおのの姿勢で説明をきいたり，メモをとったりなどした。

Q1. モンゴルってどこ？

　ワークシート内の現代アジアの白地図のモンゴルの部分に着色し，首都名を解答する。授業内では，モンゴルも含む基本となる50カ国とその首都名について，月1回小テストを行っているため，既習事項である。

Q2. モンゴルってどんな国？

　「みんぱっく」にあるモンゴルのトランプでグルーピングを行う。引いたカードのスートと数字で2～4人のグループをつくる。本校では遅刻・欠席の生徒が多いので，カードは，当日の人数をみて調整する。グルーピングのあとにも生徒は遅れてやってくるので，それも想定しておく。

グループに1枚『マップス 新・世界図絵』のモンゴル地図（A2カラー）を配布し、おのおのが絵図のなかの「気になるもの」に付箋をはる。地図とイラストで多分野にわたって42カ国を紹介したこの本は、眺めて楽しく、文字も少なく、短時間で情報を読みとれるようになっている。ここではひとり最低三つ選ぶことにした。

『マップス 新・世界図絵』のモンゴル地図に付箋をはった様子
©Aleksandra Mizielińska & Daniel Mizieliński, 2012

おのおの選んだものについて、なぜ気になったのか、どこが気になるのか、ほかの人の選択についてどう思ったかについて話す。目の前にイラストがあると、理解や共有がスムーズである。やはり自分たちとの違いを感じる衣食住など生活に関わるものに関心が多く集まったが、もっとも多くの生徒が気になったのは、〈ゴビ砂漠にすむといわれるミミズの怪物〉「オルゴイコルコイ」であった。そのほか〈神をまつる石塚〉「オボー」にも注目が集まった。各グループのなかであがったものを教員が教室全体に共有する。

【2時間目】

Q3.〈これ〉は何だろう？

各グループに、一つずつ「みんぱっく」のモノ資料を配布する。このときモノについての説明は行わない。「みんぱっく」から、みるだけでなく触れて感じとれることが多いモノという視点で、①嗅ぎ煙草入れ〈フールグ〉・②モンゴル将棋〈シャタル〉・③羊のくるぶしの骨〈シャガェ〉・④馬用の道具〈汗取りへら・むち・足かせ・はみ〉を選んだ。

各グループでモノを観察し、材質・形状・触感・発見について話しあう。それがいったい何なのか、グループ内での答えを出す。その際、モノのどこからそう考えたのかを表現することを重視する。言葉にできず、「いや、なんとなく」で済ませようとするところから、思考のプロセスをたどって言語化させたい。話し言葉で出てきたものを、文章化させたい。生徒のワークシートをみて

実践2　モンゴルから旅立つ遊牧民の世界

は,「これどういうこと？」「どこみてそう思ったの？」と問いかけ,「うん, じゃあそれ書いてみて」とうながし続ける。

　おのおののモノについての生徒の反応は, 以下のようなものであった。

①フールグ：もっとも謎の深いモノである。煙草は知っていても, 嗅いで用いることに発想がおよばない。「クスリ？」などの発言のあと, 煙草だというとざわつく。モンゴルでは客人とのあいさつとして交換して嗅ぎあうことに, みんな驚いていた。

②シャタル：これは非常にわかりやすい。勝手に遊びだす者もいる。それでわかったと思ったところで, 駒の種類に目を向けさせたり（ラクダなど）, ゲーム盤と入れ物の材質（フェルト製）について考えさせたりする。自分たちの知っている将棋との共通点と違い, その差異の生まれる背景を意識してほしい。

③シャガェ：これも袋を開けて驚く。カラカラとたくさん出てきて, どうも人工物ではない。「これ, 歯？」「みんなで判断して」とやりとりしているうちに, 畳の上に並べてみたり転がしてみたりする。謎が深まってさらに手がかりを探すうち, マップを見返して, シャガェに気がつく者もいる。ただ, 何に使うものかの正解はまず出ない。意外にも転がして遊んでいるのが正答に近いのだった。資料によれば占いやゲームに使っていて, シャガェの四面がそれぞれ「馬」「ラクダ」「羊」「ヤギ」をあらわすのだという。

④馬用の道具：馬に関わる道具であることは, 容易に想像できる。「むち」はすぐにわかるが,「はみ」は正鵠を射る語彙がない。それぞれのモノを何と呼ぶのか, どう使うものなのかに, なかなか想像力や表現力がおよばない。一般の大人でもそれは珍しくないだろう。生活に密着したモノや事象ほど, それらにかかわる道具や語彙が豊かになる。そうしたところに文化の違いを味わえると楽しい。

　教員も生徒と一緒にモノにふれて考えてみる。「わかんないねー」と一緒に博物館からそえられた資料を読む。明らかに受け売りであることを突っ込まれながらも, 生徒がもう少しでも前に深掘りしていけるよううながす。これは次の問いでも同様である。

Q4. モンゴルの民族衣装を着てみたら？

　「みんぱっく」には必ず民族衣装が入っており, モンゴルパックではデールのほか, はおりものや帽子, ブーツなどがある。希望者を募って, 衣装を体験してもらう。衣装を着て全員の前で感想を述べた生徒には平常点に加点してい

るので，点数めあての者もいるが，それも清々しい。和室を授業会場にしてよかったのは，衣装の着脱に普通教室より気を使わないことと，着た生徒やそれをみている生徒が自由に動きまわれることである。帽子だけかぶってみる，上着だけはおってみる，という行動が希望者以外にもみられ，気持ちが動いてから実際に挑戦してみることへのハードルも下がった。襟が立っていたり，隙間風が入らないつくりだったりと馬に乗って活動することを念頭においたデザインは，やはり身につけて大きく身体を動かして体感してみないとわかりづらい。「帯なくてよくね？」「暑い」「ボタンとめづらい」「チャイナドレスっぽい」などの生徒の発言を全体に共有しながら，遊牧民と馬をはじめとする家畜との距離の近さを意識づける。日本の民族衣装である着物との比較をするなかでは，「じゃあ日本では馬に乗るとき何を着てるんだろ？」というつぶやきがあった。今回はそこを広げていけないのが口惜しい。ワークシートの表面とふりかえりカードを記入し，この回は終了である。

展開2（2回目45分×2コマ）

　2回目は通常の教室で行った。今回はワークシートの裏面，モンゴルの食物と住居について扱う。

【1時間目】

Q5.〈ここ〉では何が起こってる？

　「みんぱっく」にあるモンゴルの絵画を，対話型鑑賞の手法を用いてみる。題材はモンゴルのブリューゲルと謳われるという，シャラブの絵画を模した絵である。画面全体に遊牧民の秋の一日が描かれている。机を8台あわせて絵画を広げ，そのまわりに集まってもらう。生徒には「ここではどんなことが起こってる？」と問いかける。

　必ずしも全員が画面に正対していないが，ワークシートに記入したりなどの動きがあるので，折にふれてみる位置をかえることができる。画面のどこをみても発見があり，おのおのの場所から気がついたことを10点ワークシートに書き出していく。描かれている人や動物，それらの動作，不思議だと思ったものなど，小さなことでかまわないのでたくさんあげさせていくことで画面に注目するよう水を向ける。問いへの反応を引き出し，共有し，「ほかには？」とさらに問いかけを重ね，画面全体を見渡して遊牧民の生活の特徴的な場面を把握させる。フェルトをつくる，ゲルを解体して移動するなど，生徒の発見を全体に共有し，次の問いに向かう。

ワークシート

Q6. モンゴルの人って何を食べてる？

　モンゴルの人が食べているもののイメージをワークシートに書き出してもらう。「イメージ」くらいの問いかけが，どうやら答えやすそうである。また，自身のもつ偏見に気づくこともある。「肉」という答えが目立つが，それ以外はどうにも茫洋(ぼうよう)としている。

　子ども向けの『東アジア　日本　韓国　中国　モンゴル』からモンゴルの食べ物と住居について書かれた部分（カラー）と『世界屠畜紀行』のモンゴル式の羊をつぶす方法の部分を各グループに配布する。「赤い食べ物」「白い食べ物」とはそれぞれ何を指すかを読みとり，ワークシートに記入する。おもに食べているものがわかったところで，羊を屠ることについての説明をする。筆者自身も屠畜は未体験だが，動物の肉を食べることの本質と，普段食べる肉が私たちのもとに届くまでの過程について考えてほしいと願って話した。

　その後，日本の食文化との比較を行った。モンゴルは「野菜が少ない」「季節によって食べるものが違う」「羊の内臓や血まで食べる」などがあがった。

【2時間目】

Q7.〈ゲル〉ってどんな家？

　資料と「みんぱっく」ゲルの模型から，遊牧民の住居について考える。模型

は天幕の部分と骨組みの部分に分かれるつくりになっている。大型の資料での説明と模型での構造把握から、ゲルとはどのような家かをワークシートに記入する。その後、「モンゴル遊牧民のすまい」（国立民族学博物館撮影・制作、みんぱくビデオテーク）の動画でゲルの内部とゲルの解体の過程をみる。

ゲルの模型（国立民族学博物館提供）

「サーカスみたいな」というイメージや「大きなテント」程度の認識から、ゲルの機能と遊牧生活での利便性を理解したところで、日本の住居との比較を行った。住居の機能や家族の個人スペースとして空間を区切らないこと、いわば"家族全員がワンルームで暮らす"ことが最大の驚きだったようである。

まとめ

ワークシートの学習のあと、モンゴル民話として日本でもよく知られる『スーホの白い馬』の読み聞かせを行った。小学校の教科書などで知られたこの物語は、知っている生徒もいる。モンゴルの生活について学んだあとなら、物語の世界でもイメージがふくらむのではないかと考えた。高校生への読み聞かせもどうだろうかと思ったが、意外によくきいていた。字の部分が少なく、絵がシンプルで抒情的だったので、物語を理解しやすかったのだろう。

今回は「みんぱっく」のオプションで『スーホの白い馬』に登場する馬頭琴を借りていたので、読み聞かせのあと教員と生徒で弾いてみたら、思ったように弾くことができず、やはり物語の世界は遠かった。しかし、馬が生活に密着した文化であることを改めて感じ入った。

評価

2回の授業後ワークシートを提出させ、AからDまでで評価をつけて平常点の一部にしている。教科書に沿ったテーマでは、サブノート的な穴埋めやポイントの抜き書き、問題演習などを入れて全体としての完成度と自分自身のメモの量と質で評価をしているが、ここでは資料をみて自分で考えたことがきちんと述べられているか、話し合いのなかでわかったことをどのように書き留めているかを重視している。

また、毎時間「今日わかったこと」と「考えたこと・感じたこと」を整理す

実践2　モンゴルから旅立つ遊牧民の世界

ふりかえりカード

る「ふりかえりカード」で，生徒の反応や理解を確認している。定期考査ではモンゴルの気候と，学んだ内容をしっかり関連づけるためモンゴルの雨温図を判断したり，遊牧という生業について説明させるなどの設問で，内陸アジアの特徴をつかんでいるかどうかの理解をはかっている。

【参考文献・ウェブページ】
内澤旬子『世界屠畜紀行』解放出版社，2007年
大塚勇三再話，赤羽末吉画『スーホの白い馬』(日本傑作絵本シリーズ)福音館書店，1967年
こどもくらぶ編著，青木ゆり子監修『しらべよう！世界の料理1　東アジア　日本　韓国　中国　モンゴル』ポプラ社，2017年
小長谷有紀『モンゴル草原の生活世界』朝日選書，1996年
小長谷有紀『世界の食文化3　モンゴル』農山漁村文化協会，2005年
アレクサンドラ・ミジェリンスカ，ダニエル・ミジェリンスキ，徳間書店児童書編集部訳『マップス　新・世界図絵』徳間書店，2014年
国立民族学博物館「Let's みんぱっく」のコーナーに「みんぱっく」の活用例が紹介されており，本校で初めてモンゴルパックを使ったときの実践も掲載されている。国立民族学博物館，みんぱっく　活用例「みんぱっくで学ぶ遊牧民の生活　〜遊牧するってどんなこと？〜」(http://www.minpaku.ac.jp/research/sc/teacher/minpack/case/asakusa)（最終閲覧日：2019年2月18日）

コラム②

美術の対話型鑑賞から得られる史資料読み解きのためのティップス(Tips)

海上尚美

　ティップス(Tips)とは，機器の操作などでのちょっとしたコツをいう。アクティブ・ラーニング(AL)をやらなくてはと気張らなくても，生徒が考えをめぐらせたりその過程や結果を言葉にしたりするためのTipsを試してみることで，教員も生徒も楽しみながら思考を広げたり深めたりできたらよいのではないだろうか。ここでは，絵画鑑賞の手法から得られるTipsを提案したい。

　対話型鑑賞は，子どもの思考能力・対話能力の向上を目的に実践される対話による美術作品の鑑賞法である。美術科でも作品制作一辺倒から鑑賞教育を進める動きが加速しており，授業内での対話型鑑賞も広がりつつある。美術館でも作品の前で語り合うような鑑賞風景が珍しいものではなくなってきた。

　歴史の授業で画像資料を用いることはごくあたりまえに行われており，教科書にも資料集にもたくさんの図版や写真が掲載されている。だが，1枚の絵をじっくりとみて考えをめぐらせることはあまりないのではないだろうか。

　『画像史料論　世界史の読み方』では，歴史研究の場での画像資料の読み解きとその際の着眼点について，宗教画・地図・ロゴ・ポスターなど世界のさまざまな地域や時代の画像資料を題材にした論考が集められている。画像の歴史的意義を解釈する，画像をつくる(または破壊する)行為の歴史的意義を検討する，画像が媒体として人々に与えた影響を考察する，といった手法はアカデミックな場だけではなく，高校の世界史での探究的な学びでも活かせるだろう。しかし，生徒にいきなり画像資料を提示して読み解かせるのは難しい。そこで，対話型鑑賞の手法を取り入れて，画像資料に向き合ってみる。

　『学力をのばす美術鑑賞　ヴィジュアル・シンキング・ストラテジーズ』では，鑑賞にあたっての三つの問いかけが提示されている。

①この作品のなかで，どんな出来事が起きているでしょうか？(内在する意味についての思考)

②作品のどこからそう思いましたか？(解釈の根拠を作品に求める論理的な思考)

③もっと発見はありますか？(意味生成のプロセスを深める)

これらの問いかけに対する答えを重ねていくことによって，作品に入り込み，読み解いていくことができる。授業のなかでは，最初に答えが一つとは限らない問いかけをすることが，非常に重要である。単に画面に描かれたものをあげるのではなく，それが何を意味するのか，それをみてどんなことを考えたのかを，生徒たちから引き出していく。どんな答えが返ってくるかはわからない。好き勝手な意見が散らばって，収拾がつかなくなるかもしれない。だが，「感じて，言語化したことのほとんどは，作品のもつ意味と無関係ではない」。①〜③の問いかけのサイクルによって画像のなかに根拠をもって意見のやりとりができれば，教員が解説するよりも一層深く作品のもつ意味に近づいていける。対話型鑑賞で身につけたスキルは，ほかの場面でも応用できる。

　前掲書では，美術科以外の実践例も紹介しており，社会科の授業例もある。アメリカ合衆国憲法の権利章典を取り上げて，「このなかでは何が起こっていますか？」と問いかけている。「難解な言葉で書かれた複雑な概念でも，自分なりに試行錯誤して考える機会が与えられれば，児童たちは理解できる」という。文字史料にも応用できること，対象が小学3年生であることには驚いた。

　国立公文書館などが提供しているデジタルアーカイブは，近年非常に使いやすくなった。アメリカでの事例がそのまま適用できるとは限らないが，これらを利用して文字史料を，対話型鑑賞の手法で読んでみることで，生徒たちの史料を敬遠する気持ちを和らげるのではないだろうか。

　対話型鑑賞は，実際にはTipsといえるほど簡単なことではないかもしれない。それでも，やってみることで得られる発見や楽しみがきっとある。少しでも使えそうならぜひご自身の手札に加えて試してほしい。

【参考文献・ウェブページ】
吉田ゆり子・八尾師誠・千葉敏之編『画像史料論　世界史の読み方』東京外国語大学出版会，2014年
フィリップ・ヤノウィン，京都造形芸術大学アート・コミュニケーション研究センター訳『学力をのばす美術鑑賞　ヴィジュアル・シンキング・ストラテジーズ』淡交社，2015年
国立公文書館デジタルアーカイブ（https://www.digital.archives.go.jp/）（最終閲覧日：2019年2月18日）

実践 3

イスラームを知る
―ブルカをかぶるの納得解は？―

海上尚美

目標

　イスラームとはどのような宗教かを知り，それにしたがって生きる人々の生活を理解することを目標とする。さらに，イスラームを例に，異なる文化をもつ人と接する機会が増えたことを改めて意識するなかで，共生していこうとする姿勢を養い，自分たちの社会においてどのようなルールが適切であるかをみんなで考える体験をさせる。

　今回使用した「みんぱっく」の「イスラーム教とアラブ世界のくらし」は，毎年世界史Ａのイスラームの単元に関連して使用している。

学校について

　実践校は，実践２と同じ学校で昼夜間定時制で単位制の学校である。入学までに不登校や人間関係上のつまずきを経験するなど多様な背景から，発表や意見交換に苦手意識をもつ生徒が多い。また，単位制の自由選択講座で出席状況も毎回異なるので，生徒どうしの人間関係も構築しづらい。その半面，学級から離れた関係に居心地のよさを感じる生徒もいる。

　地下鉄の浅草駅から徒歩15分ほどのところにあり，生徒たちも登下校時には外国人を含む観光客の姿をよく目にしている。中国人観光客の多さが目立つが，最近はインドネシアやマレーシアなどイスラーム圏からの観光客も増えてきている。台東区も，ハラール認証取得助成事業を展開したり，『ムスリムおもてなしマップ』を発行したりと，対応に力を入れている。本校は中国やフィリピンなど，多彩な背景をもつニューカマーの生徒が日本の高校に進学する際に選ばれることが多く，ときにはイスラーム圏出身の生徒も入学する。

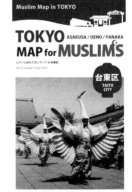

台東区が発行している『ムスリムおもてなしマップ in 台東区』

展開

展開１（１回目45分×２コマ）

ワークシート

このテーマに割いた時間は4コマである。

導入

　付箋を1人1枚配布し，イスラームについて知っていること，イメージすることを書きだす。ワークシートに設問として設定すると，「正解」を書こうとして考え込んでしまったり，その結果何も書けないで終わったりということがある。頭や心のなかにあるものを書き出すときに，付箋はハードルを下げ，それをみせながら他の人と意見交換するツールとして便利である。

　人数が少ない講座なので全員に1点ずつ付箋に書いた内容を話してもらい，板書する。「豚肉がダメ」など宗教上のタブーのほか，「テロリストが多い」などそれについてさらに意見を引き出したり，教員の補足説明を足したりする。付箋はワークシートにはって提出する。

　次に，イスラームの特徴を理解する。紙芝居プレゼンテーション法(KP法)を用いて解説し，生徒はワークシートの空欄部分を穴埋めするほか，余白やノートスペースにメモをとる。食べ物や服装についての戒律などにふれたところで，浅草でみかけるスカーフで頭を覆った外国人女性について得心がいく，「そういうめんどくさいのムリ〜」などの反応がみられた。

Q1. 各グループに配布されたモノ資料をみて，どんな特徴があるか，そこから何に使われるものかを考えてみよう。

各グループに「みんぱっく」から1点ずつ資料を配布する。グループ数にもよるが，イスラームとアラブの風土についての基礎知識が活かせるものとして，①暦・②メッカの方向がわかる磁石と礼拝用絨毯・③メッカの方向と礼拝の時間がわかる時計・④ラクダのミルク容器を例年使っている。生徒たちの反応は以下のようなものであった。

①辞書サイズの書籍状の暦であったので，もっともそれが何なのかわかりづらいモノであった。アラビア数字からの気づきや，西暦らしきものが書かれていることが，手がかりになった。

②礼拝用絨毯はわかりやすく，「モスクが描かれている」との発言も複数出た。キブラコンパスについては，方位磁針であることは想像がつくが，文字盤の数字の意味がわからないようであった。説明書に使用方法や見方が書いてあったが，英語表記のため生徒が読むには難しかった。

③カシオの腕時計で，メッカの方角と礼拝の時間をアラームで知らせてくれるものである。腕時計のパッケージが多少ヒントになった。

④ラクダのミルクはなんとペットボトルに入っている。ラベルは英語で書かれていたが，ラクダのイラストと簡単な単語で想像をふくらますことができていた。

　自分たちのグループのモノについて答えをまとめ，グループごとに発表させる。席を立って移動しながら，発表するグループの周囲に集まってモノをみる。補足解説を行う。

Q2. アラブの伝統衣装をみて（着て）感じたこと，考えたことを書き出しなさい。

女性用衣装

　希望者を募って，アラブの伝統衣装を着てもらった。男性用はガラベイヤというワンピース状の衣服とスカーフ，帽子など，女性用は通常の衣服の上から着るアバーヤとスカーフ，ニカブである。女性用はいわゆる外出着であるが，目だけが出ている状態は，インパクトがある。「やだ」「怖い」「暑そう」などとみている生徒からは声があがったが，着ている当人は「それほど暑くないけど，顔が蒸れる」と述べていた。着た生徒はその感想を述べ，着なかった生徒は生地にふれてみたり，着ている人をみて感じたことや考えたことをワークシートにまとめる。

実践3　イスラームを知る　　23

ワークシート

その後ふりかえりカードを記入し、この回は終了である。

展開2（2回目45分×2コマ）

　この回は、イスラームと現代の社会生活の関係について考える。

Q3. 資料を読んで考えてみよう。

　新聞や雑誌のイスラーム関係の記事で授業で使えそうなものをストックしているが、ここで行う生徒が読んで考えをまとめるワークでは、2011年の「仏でブルカ禁止法施行」（2011年4月12日東京新聞朝刊）を使っている。記事自体が短いので、読む時間はあまりとらないが、日本語の文章を読解する力に乏しい生徒も少なからずいるので、教員が2、3度朗読する。その際、ルビを振る、意味のわからない言葉や大事だと思ったところに線を引くなどさせる。記事からわかったこと、考えたことをワークシートに書き出させる。前の時間の衣装体験でみたニカブについても想起させる。ブルカ禁止法の賛否についての立場を明確にしたうえで、その理由を述べさせる。中間的な選択肢は原則としてなしとしているが、どうしても決められない場合には、根拠の部分でさらに十分な説明を求める。整った文章で回答ができる生徒はほとんどいないので、立場を定めることと、短くても根拠を述べることを求める。実際に問題となっている衣装をみたり触れたりした体験が、記事の内容理解に大きく寄与した。

　ここで国家としてのフランスと宗教との関係について、KP法を用いて簡潔

KP法を用いた説明

に解説する。

　次に，異なる視点からの資料として4コマ漫画『サトコとナダ』より，女性の服装に関する作品をいくつか選んだものを配布する。読んでわかったことを書きだす。ヒジャブについて比較的ポジティブなとらえ方をした内容で，新聞記事とは受ける印象が違う。コマ割，絵，言葉がシンプルなので，やはり短時間で内容を把握しやすい。

Q4. それぞれの考えを持ち寄って，グループで話をしてみよう。

　実物・新聞記事・4コマ漫画からの情報と現時点での自分の立場とその理由をもって2〜4人のグループで話をする。活発な意見交換というよりは，自身の意見を順々に話すというのに近い。ワークシート自体を開陳したり，ほかの人の意見を自分のものに書き込んだりする場面も多くみられる。あまり発表自体に拘泥せず，他者の意見にふれて，自分の考えを再度見直すことができればよいことにしている。

　そして最後に改めて，ブルカ禁止法について，賛否を明確にして意見をまとめる。グループでの意見交換をふまえ，立場が変わっても構わないし，新たな視点を取り入れてもよい。最終的な自分の考えなので，文章で述べることを新たに条件づける。

　そして，テレビ番組の街頭調査をまね，1枚の紙の左右に「賛成」「反対」の欄をつくり，まるいシールをはって賛否を表明する。クラス全体で個々の意見を共有することはしないが，賛否の状況を可視化して，意見が分かれる問題であることを意識させる。クラスによるが，賛否どちらにも一定数の支持者がいるなかで，反対派がやや多いのが例年感じる特徴である。

実践3　イスラームを知る　25

文化の問題，とくに宗教など個人の内心にかかわる問題については，常に決まった正解があるわけではない。同じ問題でも，それが論じられる社会やその当時の状況によってさまざまな答えが考えられる。

　ブルカ禁止法は信教の自由や表現の自由を定めた欧州人権条約に反しているとして，パキスタン系のフランス人女性が欧州人権裁判所に訴えをおこした。2014年に裁判所は「顔は社会的な交流において重要な役割をはたしている」として，法律の妥当性を訴えたフランス政府の主張を認めている。これに前後して，ヨーロッパでは同様の法律や条例が制定されたり，移民に対する排斥運動が激化したりなど，現在も議論が続いている。

　18歳で選挙権を得て，2022年には18歳で成人となる生徒たちには，社会の構成員としての当事者意識をもたせることが，授業および高校教員としてのミッションである。正解は一つとは限らず，時と場合に応じてその社会の構成員が選択する「納得解」もあるのだということを，今回の授業のなかで感じ取ってもらいたいと願う。

■評価

　2回の授業後ワークシートを提出させ，AからDまでで評価をつけて平常点の一部にしている。モノに対する観察の記録と想像力，その根拠などの記入状況や，資料のなかからわかったことをふまえての生徒自身の意見の構築状況，他者の意見をふまえての考えの深まりなどを判断材料とする。

　また，「ふりかえりカード」への記入もさせ平常点に加点している。定期考査ではイスラームについての基礎的な知識を問うほか，文化をめぐる問題について自身の考えをまとめる出題を行った。

【参考文献】
伊達聖伸『ライシテから読む現代フランス　政治と宗教のいま』(岩波新書)2018年
東京新聞「仏でブルカ禁止法施行」(2011年4月12日東京新聞朝刊)
鳥山純子著，長沢栄治監修『イスラームってなに？シリーズ2　イスラームのくらし』かもがわ出版，2017年
平井文子著，長沢栄治監修『イスラームってなに？シリーズ4　イスラームのいま』かもがわ出版，2018年
樋口美作・佐藤裕一監修『Q＆Aで知る中東・イスラーム3　イスラームの人々・ムスリムそのくらしと宗教』偕成社，2018年
ユペチカ『サトコとナダ1』星海社，2017年

コラム③
「対話」と教員の専門職性

海上尚美

　一般的に「先生」と呼ばれることが多い点で，医師と教師には共通点がある。そして，人を「みる」ということにおいても，両者は類似している。見，看，診，視，さまざまな「みる」行為は，教員の仕事の出発点になる。「対話的な学び」が今まで以上に明確に求められてきているなかで，「みた」ものからどのように対話の糸口を探りあてていくのか，どのように生徒一人一人の学びを生み出す伴走をしていくのかを考えて実践するにあたって，医療における「家庭医」という存在から教員が学ぶことは多いと筆者は考えている。

　教員の仕事は医師に比べれば人の死に関わることは少ない。だが，より多く人の生に関わるともいえる。孫大輔は「家庭医」とは，「一次医療」「日頃よくある健康問題に対応する」医師であり，「人間全体」を診る医師とも述べている。

　このような職のありようは，日常的に学校で感じることと照らし合わせてみて，非常に納得できる。高校の教員として，主に世界史や日本史の授業を担当しており，教員の「専門職性」も教科指導にあるとずっと考えてきたが，同時にそれだけではつとまりきらないものも初任の頃から感じていた。授業担当として教室にいくと，生徒たちはその日の気分を端的に行動に表現するので，ときに困惑し，ときに授業自体が滞ってしまう。しかしその行動の直接の原因や，そこにつながるまでの背景を想像すると，授業の場でこの人たちにどのような支援ができるのだろうかと途方に暮れる。それぞれの事情で学校に来たり来なかったりすることが，どうにか卒業したり転学したり退学したりという形で学校を去ることにつながる。そのなかで教員として仕事を続けていくことには慣れても，そうした事情を理解し，問題を解決する力はいまだにない。

　そうしたなかで知ったのが，「ネガティブ・ケイパビリティ(negative capability)」という能力である。精神科医の帚木蓬生は，これを「どうにも答えの出ない，どうにも対処しようのない事態に耐える能力」「性急に証明や理由を求めずに，不確実さや不思議さ，懐疑のなかにいることができる能力」と定義する。聞きなれない言葉だが，筆者にとっては自分のものにしたい力，さらには教育にたずさわる者が身につけてほしい，および個々の人生を送っていくう

えでも欠かせない能力であると信じている。

　出会って，あいさつし，目を合わせて，笑って，世間話をかわし，お菓子をもらい，筆記用具をもたせ，授業に取り組むための小さなステップを組みたてては，その振り返りに反応する。状況に共感しつつも，巻き込まれずに生徒（ときには保護者）に伴走する。「ネガティブ・ケイパビリティ」をもつことはその大きな支えになってくれる。

　そして，「対話的な学び」の根底を支えるものも，また「ネガティブ・ケイパビリティ」である。必要を感じて実践に踏み出したときに，すぐに手ごたえを感じられるわけではない。生徒や他の人たちからの拒絶にあうこともある。そのなかでもちこたえて実践の試行錯誤を続けてくこと，先に広がる世界を想像して，生徒や仲間を支えていくことに，この力を発揮していけるといい。みて，手当てをしながら，少しずつでも前に進み，ふと振り返ったときに「こんなところまで来ていた」と笑ってまた学び続けていけるといい。

　「対話的な学び」の出発点として生徒を「みる」とき重要なのが，生徒の周囲の人たちとの対話である。家庭や他の教員，学校内外の他の専門職などとの，単なる情報共有をこえた対話と協働を背景にして，初めて教員は教科指導をつうじて生徒の学習と成長に関わる専門職たりうるのではないか。

　ただ，専門職性を高めるほど，他の専門職との対話と連携が必要となり，すぐに答えを出せない場面が増えてくる。目の前の生徒が抱える問題解決はできなくても，連携の輪の一つとして揺るぎなく学習の場をつくって保持していくことを，「ネガティブ・ケイパビリティ」は可能にする。

　即座に答えの出ない事態のなかで，それをもちこたえながら実践を続けていくことは，教員自身にも変容をもたらす。それが，生徒を支えて包みこむ網の目の一端を担う者として，さらに遠くに手を伸ばしていく力になっていくだろう。このサイクルを重ねていくことが，教職の専門職性ではないだろうか。

【参考文献】
帚木蓬生『ネガティブ・ケイパビリティ　答えの出ない事態に耐える力』朝日選書，2017年
孫大輔『対話する医療　人間全体を診て癒すために』さくら舎，2018年

実践 **4**

教科書の地図を用いた授業展開
―ビザンツ帝国1000年の歴史―

....山岡　晃

■ 目標と展開

　中世においては，東ヨーロッパ世界を形成したビザンツ帝国の存在を抜きにして，ヨーロッパ世界を語ることはできない。ところが，教科書におけるビザンツ帝国の記述はそれほど多くはなく，また，その記述があちこちに散在している。そこで今回の授業ではビザンツ帝国の歴史を通史として学習させる。

　ビザンツ帝国をあつかうにあたり，地図を使って授業の導入と展開を行うことで，スムーズに学習をすすめることができる。ビザンツ帝国は，非常に息の長い国家であり，その歴史はざっと1000年。資料集で「○○世紀の世界」というページを開けば，5世紀から15世紀までであれば，必ず，その名前をみつけることができる。しかも，その支配領域が，時代によって大きく異なっている。世界史上において広範な領域を持った国は，ローマ帝国・大モンゴル国・ロシア帝国などいくつもあるが，ビザンツ帝国のように，長期間にわたって領土の拡大と縮小をくりかえしながら存続した国家はあまりない。

　本時は地図を用いて，生徒がビザンツ帝国の領土の消長とその歴史の長さを実感することが目標となる。なお，世界史Bで，イスラーム世界と中世ヨーロッパの叙任権闘争までを学習した後で十字軍を扱う前の授業となる。

　本時は授業時間を50分とし，**導入**[10分]→**作業**[10分]→**解説**[25分]→**まとめ**[5分]と展開する。前半はアクティブ・ラーニング(AL)型の授業を行い，後半については講義形式となる。

■ 授業準備

　まず，本授業では，ビザンツ帝国の支配領域を示した掲示用地図を5枚準備する。ところで，教科書ではビザンツ帝国の地図が掲載されている箇所はどれくらいあるのだろうか。たとえば『詳説世界史』を順番にみていくと，まず，45頁に「ローマ帝国の最大領域」とある。この地図には，ビザンツ帝国という名称はないが，ビザンツ帝国の始まりを示す重要な地図となる。これ以降，ビザンツ帝国が示されている地図は，「隋唐時代のアジアと隋代の運河」(87頁)，

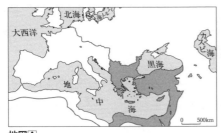

地図A

地図B

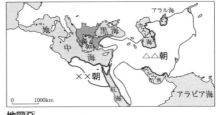

地図C

地図D

地図E

「11世紀の世界」(98頁),「イスラーム教成立以前の西アジア」(101頁),「イスラーム世界の広がり」(104頁),「11世紀後半のイスラーム世界」(107頁),「ゲルマン人とスラヴ人の移動」(123頁),「6世紀半ばのビザンツ帝国領土」(132頁),「14世紀半ば〜15世紀の東ヨーロッパ」(136頁),「十字軍と西ヨーロッパ勢力の拡大」(139頁),「モンゴル帝国の最大領域」(166頁)と,最初のものとあわせて全部で11カ所になる。このうちの5点をもとに掲示用地図をつくって,授業を行う。

使用する5点は,次のとおりである。

A「ローマ帝国の最大領域」(45頁) 395年にローマ帝国が分裂したとき,つまり,ビザンツ帝国(東ローマ帝国)のスタート時の領土。

B「6世紀半ばのビザンツ帝国領土」(132頁) 6世紀半ばにビザンツ帝国が最大となったときの領土。

C「イスラーム世界の広がり」(104頁) 7世紀にシリア,エジプトをイスラーム勢力に奪われたときの領土。

D「11世紀後半のイスラーム世界」(107頁)　11世紀後半にイスラーム勢力のセルジューク朝にアナトリアを奪われたときの領土。
　E「14世紀半ば～15世紀の東ヨーロッパ」(136頁)　14世紀半ば以降滅亡までの領土。
　掲示用地図の大きさは、前に掲示して説明させることを考えれば、A3以上がよいであろう。
　A～Eは、ビザンツ帝国の領域については、斜線をつけたり塗りつぶしたりしてはっきりわかるようにし、周辺の国や勢力については、領域だけを示して名称は消しておき、あとで書き込めるようにしておく。また、説明の便宜上、本稿ではA～Eまでを時代順にしているが、実際の授業では順番にならないようにバラバラにしておく。なお、A～Dはすでに学習した範囲で、Eは未習の内容となるので、あらかじめEは時系列の最後となることは明らかにしておく。
　また、生徒一人ひとりに配布するための白地図(地中海世界とその周辺が含まれているもの)を用意する。この白地図には、授業中に書き込みをしていく。

■ 授業の実践

導入[10分]

　3～4人のグループをつくり、各グループにA～Eの5枚の掲示用地図を配布し、時代順に並べさせる。その際、その順番とした理由や根拠も考えることを指示する。そして、ある程度時間が経過したところで、異なる並べ方をしている班を二つほど選んで、発表させる。
　ふつうの国であれば、最初の領土はとても小さいはずである。ところが、ビザンツ帝国は、最初がとても大きい。その理由は、ローマ帝国の東半分から始まっているからである。少し前の内容になるが、ある程度できる生徒であれば、まず、Aがローマ帝国分裂時の東側であることに気づくだろう。教員からの働きかけとして、「国の始まりが395年である」ことを強調すれば、気づく生徒も多いはずである。
　次に、Bであるが、これはヒントとしてビザンツ帝国に征服されたゲルマン人の国、ヴァンダル王国や東ゴート王国を示しておくのもよい。実は、ゲルマン人国家に関する教科書の記述は、フランク王国以外のゲルマン人国家は短命に終わるという内容程度で、例外的に西ゴート王国がウマイヤ朝時代のイスラーム勢力に滅ぼされたことがふれられているだけである。だが、ゲルマン人の大移動の授業の際に、ヴァンダル王国や東ゴート王国がビザンツ帝国に滅ぼさ

れたことをふれておけば，思い出す生徒もいる。

　Cはシリアから北アフリカ，イベリア半島まで支配する勢力がウマイヤ朝であることを，なんとなくほのめかしておけば，大丈夫だろう。ウマイヤ朝の支配領域の特徴は，イベリア半島が含まれていること。これをイスラームの授業の際に，生徒がどれだけ認識できたかがポイントとなる。

　Dもセルジューク朝がアナトリアに進出していることに気づけるかどうかである。おそらく，セルジューク朝の授業では，十字軍に関する説明をあまり深くはしないだろうが，セルジューク朝のアナトリア進出が十字軍につながったことを情報としてあたえれば，生徒の気づきにつながるはずである。十字軍は，このあとで西ヨーロッパ側から再度学習することになるので，生徒に印象づけておきたい地図である。

　このように，A～Dはこれまでの学習の復習となる。

作業[10分]

　A～Dの時代順の答え合わせを行い，その根拠も確認する。

　そして，次の作業。ここからは個人でやる作業となる。まず，配布した白地図に，簡単でいいので，5枚のビザンツ帝国の領域を時代順に描かせる。それから，周辺国（Aでは西ローマ帝国とササン朝，Bでは西ゴート王国とササン朝，Cではウマイヤ朝，Dではセルジューク朝）の名称を書かせ，大雑把でいいので，どういう勢力が存在したかを確認させる。このとき，教科書や資料集で調べてもよいこととし，隣りとの相談は可としている。

説明[25分]

　ここは，いわゆる講義の部分となる。ユスティニアヌス帝やレオン3世の聖像禁止令，軍管区制，ギリシア正教，同時代の西ヨーロッパ世界との比較などを説明する。第4回十字軍によるラテン帝国については，できればふれておきたい内容。一度，首都を占領されながらも再び奪回して帝国を再建するビザンツのしぶとさ，そして，その領土がほぼ首都だけになったEの状態でも100年近くもちこたえる首都の頑強さ。そして，最後にどのようにして首都が陥落するかまで，熱く語る。最後の皇帝の名前を知れば，ビザンツ帝国の名前がより際立つことになる。

まとめ[5分]

　最後は，振り返りとして，ビザンツ帝国がはたした役割について，個々で考え，まとめさせる。その役割をきちんと認識すれば，ビザンツ帝国滅亡後，ヨ

ーロッパ世界がどうなるのかまで考えることができるようになる。

　ビザンツ帝国の滅亡は，ローマ帝国の滅亡でもある。小さな都市国家から始まったローマが滅んだのが1453年。その歴史がいかに長かったかということも実感してもらいたい。

■評価

　書かせたものを回収して，後日，フィードバックする。「西側キリスト教世界の防波堤の役割をはたした」，「西側キリスト教世界とイスラーム世界をつなぐ役割をはたした」，「西側キリスト教世界とは異なるキリスト教世界を維持し，ローマ帝国の伝統を維持した」というような内容が出てくるのを期待したい。

【参考文献】
井上浩一『生き残った帝国ビザンティン』講談社学術文庫，2008年
根津由喜夫『ビザンツの国家と社会』(世界史リブレット104)山川出版社，2008年
ミシェル・カプラン著，松田廸子・田辺希久子訳，井上浩一監修『黄金のビザンティン帝国　文明の十字路の1100年』創元社，1993年

コラム④
グループ発表の作法

山岡　晃

　アクティブ・ラーニング(AL)を授業で実践する際，グループワークはとても有効な手段の一つであるが，そのグループワークを行う際に気をつけることを，私自身の失敗経験をふまえて，いくつか紹介する。

　私がALを最初に実践しようとしたときに意識したことは，できるだけハードルを下げて，負担にならないように，簡単なことからやっていこうということであった。自分自身に対してもだが，生徒に対しても難しいことは要求せず，できる範囲でやってみた。すべての授業をALだけでやるのは，正直とても大変だが，部分的であれば取り組みやすくなる。ALと構えずに，AL的なことを少しやってみよう，それくらいの気持ちでグループワークをはじめた。

　当初は，短時間(5分程度)だがグループで考える時間をつくるというところからであった。考える内容は，本来であれば，こちらが講義した内容をもとにして，生徒らが自ら「問い」を設定できれば理想であるが，ある程度，授業をコントロールするために「問い」はこちらで設定した。どのタイミングで「問い」を発するかであるが，授業時間を50分とした場合，当然授業の内容によってベストのタイミングは異なってくる。ただ，真ん中をやや過ぎたあたりでグループワークを行うと，講義 → 問い(グループワーク) → クラス全体での意見の共有 → 講義 となり，生徒の集中を保ちやすい。

　グループで話し合うときには，意見が出やすいようにいくつかの約束事を決めた。まずは，全員が一つ以上の意見を出すこと。何もいわずに終わることがないように，とにかく何でもいいから意見を出すようにしつこく伝えた。この「何でもいいから」というのが結構重要で，「ありきたりな」意見が最初に出ると，「そんなんでいいんや」とハードルが下がり，意見が出やすくなる。これ以外に，人の意見を否定しないこと，多数決にしないことなどを決めた。最初にきちんとルールづくりをしておかないと，話し合いが無秩序となり，コントロールできなくなってしまうので，注意が必要である。

　グループの人数については，いろいろと試したが，最終的には3人で行っている。1人は書記で意見を書く係，マグネットシートやペンなどの準備，片付けも行う。別の1人はタイムキーパー，考える時間があとどれだけ残っている

かを伝える係。そして，リーダー，グループ内の話し合いを進行する係である。この3人一組で，授業ごとに役割をローテーションでかえさせる。あまり，人数が多すぎると，人任せになってしまうので，個々に役割を与えるために，3人に落ち着いた。

　話し合いのあとでグループごとの意見を共有するために，発表用の白いマグネットシートを用意している。結構，大きなサイズのマグネットシートがあり，黒板にも簡単にはることができ，ホワイトボードよりも軽量なので，便利である。なお，ICT 機器の導入が進んでいれば，「ロイロノート・スクール」や「MetaMoji ClassRoom」などで簡単に意見の共有や発表ができるだろう。

　こうして共有した意見は，スマホなどで記録しておいて，授業のあと，こちらでまとめて，次の授業の最初で振り返りを行っている。そうすることで，前回の復習になり，授業の導入にもつながる。

　グループ発表は短時間でも大きな効果を得られる活動で，それほど手間もかからないので，AL の第一歩として最適ではないだろうか。

実践 **5**

中世ヨーロッパの荘園に生きる人々

荒井雅子

目標

本章では，絵画資料と文字史料を利用して，賦役・貢納・三圃制などの歴史用語の具体像を理解することで，荘園に生きる農奴の暮らしを再構築することを目的とする。この実践は，勤務校で古典荘園の授業（講義）に続いて実施したものを，アレンジした。

授業の流れ

準備　前時まで，またはこの活動の前に荘園の基本事項を確認している。以下は前時までに基本事項を確認したと仮定した，1時間分の授業展開案である。

一つの史料を読解する場合（Think-Pair-Share）[1]

導入［5分］　プリントを配布する。必要ならば班を形成する。本時の目標を共有する。

展開1［10分］　各人で史料を読む。何が書かれているか，問いを手掛かりに情報を抽出させる。

展開2［10分］　班またはペアで情報を共有し，協力して問いに答えさせる。

まとめ［25分］　それまでの学習事項との照合と補足。展開で得られた情報を利用して，「封建社会の成立」の授業を展開する。

複数の史料を読解する場合（ジグソー学習）

導入［5分］　プリントを配布する。班を形成する。本時の目標を共有する。

展開1［15分］　各班に史料を割りふり，書かれている事柄から板書案を作成させる。

展開2［10分］　各班の合意事項を板書し，クラス全体で共有させる。

まとめ［20分］　それまでの学習事項との照合と補足。展開で得られた情報を利用して，「封建社会の成立」の授業を展開する。農奴，賦役，貢納などといったキーワードを生徒の板書から抽出しながらまとめる。

展開時のポイント

『詳説世界史』129頁から続く「封建社会の成立」の後半では，荘園が「領

主・荘園・農奴・賦役・貢納・現物経済・不輸不入権」のキーワードとともに説明されている。授業では，なるべく一般の人々の暮らしを取りあげていきたいと考えているので，ここでは時間を確保して，荘園の暮らしを取りあげることにしている。

構想当初は複数の史料をつなぎあわせるジグソー的な学習を試みていたが，現在は時間の制約のなかで一つの史料の読解に落ち着いているため，ここでは二つのパターンを示した。どちらの場合も，歴史用語の意味程度は理解した状態で授業にのぞみ，本時の取組により，断片的な知識に肉付けをするような仕掛けにしている。そのため，工夫次第では史料読解も含めて1時間におさめることも可能であろう。

中世の荘園や農村に関する史料は多数あるが，『世界史史料5』『西洋中世史料集』が使いやすい。とはいえ，一次史料の翻訳であるために，多少の手入れが必要である。今回は『西洋中世史料集』からⅠ・Ⅱの史料を選んだが，一つの史料だけを読み解く場合はⅠを残した。

一つの史料を読解する場合

以下に示したⅠは，賦役と貢納の具体例が確認できる，もっとも利用頻度の高い史料である。中世は自給自足的な経済であるという認識があるが，それに反して近隣地域との商業圏が確立していたことをうかがわせる記述や，荘園の構成員は農奴だけではないと考えられる記述があり，教科書に疑問を投げかけることもできる，よい史料だと思っている。

史料Ⅰ

(以下，※はいずれも筆者注)
　コロヌスにして所領管理人であるテウタルドゥスとその妻ヒルデシンディスはサン・ジェルマン・デ・プレ修道院に所属し，その子の名はテウタルドゥス，ヒルデボディス，テウトベルトゥス，シキルディスである。彼は，耕地10ボニエ（※1）と1ジュルナル（※2），葡萄畑0.5アルパン（※3），採草地5アルパンからなる自由民マンス（※4）1つを保有している。彼は軍役税として，ある年は3スー（※5），その翌年は1スー，鶏3羽，卵15個を納める。冬に4ペルシュ（※6），春に2ペルシュの犂耕を…（中略）…2頭の動物とともに，あらゆる穀畑で行なう。オルレアン，またはル・マンへの運搬賦役を行なう。農作業を2日，そして賦役を行なわないときは3日行なう。葡萄畑2ペルシュで支柱を立てて垣根を作り，もし近隣に森林が与えられていないときは収穫時に2ペルシュの垣を作る。近隣に森林が与えられているときは3ペルシュの垣を作り，採草地で2ペルシュの刈り取りを行なう。（『西洋中世史料集』62～63頁）
※1　1ボニエは約128アールと推定される。
※2　1ジュルナルは1日で耕せる面積を便宜的に表す言葉であろう。
※3　1アルパンは100平方ペルシュに相当する面積とされ，一定ではない。

※4　貢納や地代を徴収する際の便宜的な単位。
※5　中世フランスの貨幣単位，1スーは1/20リーブル。
※6　1ペルシュは約35平方メートル。長さの単位として使うと6メートル前後。

この史料に付している問いは次のとおりである。

| 問1　テウタルドゥスとヒルデシンディスの身分は何と書いてあるか，抜き出しなさい。
| 問2　2人が保有している土地について，書いてあるところを抜き出しなさい。
| 問3　2人が負担している労働や納めるべきものについて，①賦役②貢納に分けて，抜き出しなさい。
| 問4　上記の資料からわかる，荘園で生活する農奴の暮らしについて，まとめなさい。

想定される問1の答えは，「コロヌス」「所領管理人」「自由民」である。自由民という答えからは，前述のとおり，荘園には農奴以外の身分の農民も暮らしていたことがうかがえる。正解が端的にわからない部分でもあるので，「自分はどのように考えるか」ということを，根拠をもって示せるように導けるとよい。問2は「耕地10ボニエと1ジュルナル，葡萄畑0.5アルパン，採草地5アルパン」であるが，史料だけではそれぞれがどれほどの広さなのか想像できなかった。そこで『単位の辞典』などを利用し，可能な限り注として補った。

問3の①賦役は「冬に4ペルシュ，春に2ペルシュの犂耕」「オルレアン，またはル・マンへの運搬賦役」「農作業を2日，そして賦役を行なわないときは3日行なう」「収穫時に2ペルシュの垣根」作りまたは「3ペルシュの垣を作り，採草地で2ペルシュの刈り取り」と理解できる。また②貢納に相当すると思われるのは「軍役税として，ある年は3スー，その翌年は1スー，鶏3羽，卵15個を納める」である。賦役・貢納ともに，かなり具体的な形で詳細に定められている。人々は生活の多くを，これらの対応に費やしていただろうということがうかがえる。ま

中世の農耕(ユニフォトプレス提供)

た，賦役・貢納を具体的な形で理解する補助教材として部分的に利用することもできるだろう。

　一人で読解してもよいのだが，単語・言い回しともに難解な史料なので相談しながらワークに取り組むことを前提に，個人で情報を抽出する段階（展開1），情報を共有して考える段階（展開2）に分けて読み解くことを提案したい。

　耕地の様子については，『詳説世界史』137頁の「中世の農耕」の絵画もあわせて参照したい。この絵を観察すると，重量有輪犁の様子や，開放耕地制である穀畑の様子がうかがえる。また，史料中に示される「近隣に森林が与えられたとき」の森林で豚を放している様子もうかがうことができるので，史料の読解がすすんだら，絵を観察することで，森でどのようなことが行われているか，荘園の暮らしがより具体的に再現できる。問いの例には示さなかったが，「中世の農耕」を利用すると，以下のような問いを追加することができる。

> 問　「中世の農耕」を参考にして，犁耕の様子を説明しなさい。
> 問　「中世の農耕」を参考にして，森林がどのように利用されているのか，説明しなさい。

複数の史料を読解する場合

　前項では，賦役と貢納に特化して具体例を探ったが，当初は複数の史料を利用してジグソー学習的に荘園の世界を再構築することで，中世の農民の暮らしを再現することを目指していた。Iの賦役・貢納以外の史料でよく利用するのはIIである。

史料II

> …（前略）…サン・フロラン修道院とオルレアンのサン・マクシマン修道院の両方の院長である，敬うべきロベルトゥスが，ランドゥリクスの父ドトをサン・マクシマン修道院から連れだし，プラースの荘園を委ね，妻としてサン・フロラン修道院に属する非自由身分の女を与えた。そしてドトはアルバドゥス，ランクリクス，アンドレアという3人の息子とドダという1人の娘をもうけた。このランクリクスはプラースと渾名されていたが，修道院長に知らせぬままオドの娘で，伯フルクに属する非自由身分の女であるレウテアルドを妻に娶り，息子5人，娘6人をもうけた。
>
> 　その後しばらくして，上述の伯フルクとサン・フロラン修道院の院長アデベルトは，上述の隷属民，ランクリクスの息子たちをめぐる争いに関して合意に達した。…（中略）…ついに，伯の大いなる暴力によって，修道院長は，修道士たちの同意を得て，ランクリクスの子供たちを（伯との間で）分割することに同意した。
>
> （『西洋中世史料集』202頁）

　農奴に対する領主支配権についてうかがえる史料である。ここからは，非自

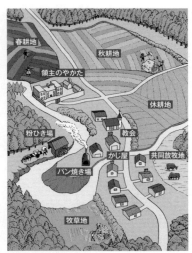

荘園の構造（概念図）

由身分の人々が，本人の意思が介在することなく，動産として所有者の間で分割されていることがわかる。

　ほかにも参照できる史料があるが，ここでは概要の紹介にとどめる。農民に対する領主の支配権をうかがわせる史料として，Ⅱに加えて『西洋中世史料集』202〜203頁記載の史料を利用することがある。ここには死亡税の記載があり，かつ労働地代から貨幣地代への変化を理解することが可能な史料であるので，封建社会の衰退のところでも引用できるだろう。二つめは，三圃制についての具体的な内容が書かれている『西洋中世史料集』191頁の記載である。文中には重量有輪犂の記述があるので，教科書掲載の「中世の農耕」とあわせて確認できる。三つめは，水車小屋の権利に関する史料（『西洋中世史料集』194頁）である。『詳説世界史』131頁掲載の「荘園の構造（概念図）」にはパン焼き場，粉ひき場，かじ屋が書き込まれている。パン焼き場と粉ひき場の水車は，領主の支配権が強く働き，独占的使用権（バナリテ）の対象であった。このことから，水車小屋の権利に関する史料からは，独占的使用権をもちだすかはともかくとして，農民が人格的支配だけでなく，経済的にも領主の強い支配を受けていたことがうかがえる。

　展開１では各班にこれらの史料からどれか一つ読んでそこから理解される中世農村世界の様子について，わかったことをまとめるという作業を課した。ワークシートには板書案作成の作業スペースをつくり，その後，実際に板書し，それを利用して荘園のまとめを行った。今ならば，班ごとに小さなホワイトボードをわたし，話し合いをしながら板書案を作成させることができるだろう。

■授業で利用した手法について

　ジグソー学習は３〜４人の班をつくり，班のなかの各人が，それぞれ異なるエキスパート活動に参加したのち，もとの班に戻って情報を統合し全体像をつかむ協同学習の方法である。エキスパート活動は各班から一人ずつ参加して資料の読み解きなどを行うもので，その後はそれぞれの分野のエキスパートとし

て班に戻り，自分のもっている情報を，責任をもって他の班員に伝えなければならない。班のなかの役割が明確化され，自分が行った活動が全体知として共有されるので，個人の責任とともに相互の信頼関係のもとに成立する学習方法である。この形を基本形として，さまざまな形のジグソー学習が提案されている。今回は，学びの単位をクラスに拡大し，各班が一つの情報の専門家として授業のキーワードを使いつつ，学んだことをクラスに説明する手法として利用している。

評価

一般の人々の暮らしを具体的に知るのが本来の目的だが，一次史料は必ずしも教科書と対応しているわけではないことから，副次的に，教科書は最大公約数的なまとめだということまで気づいてほしい。とはいえ，授業の評価としては，中世の農民の生活についてわかったことをまとめられればよい。38頁の問4を例に，簡単なルーブリック（学習到達度の評価基準）を示した。1→4の順に，理解度が深まっていると考えられる。

段階	学習到達度の評価基準
1	史料に記載されている情報を使い，農民の暮らしを再現しているが，情報量が少ない。
2	史料に記載されている情報を使って，農民の暮らしを再現している。
3	情報を抽出するだけでなく，既習事項をふまえ，どのような暮らしかを考えている。
4	情報を抽出するだけでなく，比較軸を使いながら農民の暮らしを評価している。

【参考文献】
森本芳樹『中世農民の世界　甦るプリュム修道院所領明細帳』岩波書店，2003年
ヨーロッパ中世史研究会編『西洋中世史料集』東京大学出版会，2000年
歴史学研究会編『世界史史料5　ヨーロッパ世界の成立と膨張　17世紀まで』岩波書店，2007年
『世界大百科事典』平凡社，1988年
『丸善　単位の辞典』丸善，2002年

注
1　Think-Pair-Share については，実践1（5頁）参照。

実践 6

唐にはどのような宗教が流れてきたか？

荒井雅子

■目標

　『詳説世界史』92頁の長安城の地図上には，景教（ネストリウス派キリスト教）寺院，ゾロアスター教寺院のしるしが確認できる。これらの宗教寺院から，長安が内包する文化の空間的な広がりが想像できるだろう。そのルーツと伝播の経路を確認する作業をとおして，唐にもたらされた外来宗教などを具体的に理解することはできないだろうか？この学習のプロセスをアクティブ・ラーニング（AL）化し，それぞれの班の活動を総合して最終的にクラス全体で唐の国際性を理解するという仕掛けをつくった。そして，最終的に7世紀のユーラシア大陸を背景とする，グローバル・ヒストリーの視点を取り込んだ授業としてまとめた。

■授業の流れ

準備　5種類のワークシートをつくる。課題は，唐代に流入したとされる外来宗教や文化（仏教，ネストリウス派キリスト教，マニ教，イスラーム教，ササン朝美術）である。各課題につき2班程度を割り当てられるように数を調整。

導入［10分］　全体で本時の目標を共有した。教科書と資料集の索引を使って，課題に記された用語の説明文を探すこと，地図上で発生地域を確認すること，そこからどのような経路をたどって中国に到達したかを考えることを指示した。生徒が班に分かれたら，くじにより各班に1課題ずつ割り振った。課題が決まった班から，順次作業を開始させた。

展開1［20分］　教科書と資料集から課題の説明を探し，課題の説明文を完成させるという班活動の時間。発生した場所に注目し，どのような経路で唐に伝わったかを考えさせ，ワークシートにまとめさせた。

展開2［10分］　黒板に地図を掲示し，班ごとにまとめた内容を報告した。

まとめ［10分］　「どこから」「どのような経路をとおって」の情報を全体で共有した。オアシスの道や海の道を移動する人々とともに唐に外来宗教・文化が

到来したこと，近接文化圏どうしがつながっていたことが確認できた。

■ 展開時のポイント

協同学習やALの手法の一つにジグソー学習がある[1]。個人が責任をもって情報を集めることがジグソーの前提であるが，今回は，個人が責任をもって収集した情報を班で共有し，かつ，班が責任をもって分析した情報をクラス全体で共有するという仕掛けをつくった。

ジグソーのために，異なる資料を何種類も用意するのは大変で，日々の業務のかたわらでなかなかこなせるものではないだろう。そこで，本実践では教科書や資料集掲載の資料を組みあわせてジグソー学習の素材として用いてみた。結論からいえば，そうした手元資料だけでも，AL的な学びは十分に可能であった。

今回の課題となる宗教は，仏教，ネストリウス派キリスト教，マニ教については長安で，イスラーム教については広州で確認されたという『詳説世界史図録』[2]（53頁）の記述に基づいて選定した。本来ならば，ササン朝美術のかわりにゾロアスター教を課題にすべきであろうが，教科書等に美術品の図版が多いことを考慮し，ササン朝美術を調査対象に含めた。この場合はササン朝またはペルシアの美術・文化がキーワードになる。さらに，ワークシートに書くこと・黒板の前で話すことにより，活動の成果をアウトプットさせた。

展開のポイントは，以下のとおりである。

タイトル： 【　　　　　　】	問1【　　　　　　　　】とは 教科書や資料集を調べてわかったこと （どこで，いつごろ発生したか，どのような特徴をもっているのか？） →地名は地図帳で確認
問2【　　　　　　】と唐のつながり（どこで，いつごろ確認されたか）	
班員の氏名	

図1　ワークシート

準備 無作為に課題を割り当てたかったので，ゲーム性をもたせて授業の最初にくじを引いてもらうことにした。「与えられた」ではなく「みずから選んだ」という形をつくると，学習動機となりうるだろう。

導入［10分］ まず本時の目標を共有した。50分間の目標を最初に示すことで，生徒は本時の活動について理解ができる。次に班を形成し，代表にくじを引かせ，ワークシートをもって班に戻ったところから作業を開始させた。図1に本時のワークシートを示したが，タイトル部分の空欄【　】に，くじに書かれた文字を書き込むようになっている。

```
唐で確認されたそれぞれの文化・宗教は
どこで，いつごろ発生したか，
どのような特徴をもっているのか？
唐とのつながりはあるか？

作業手順
1  教科書と資料集から探して，問いに答えよう。
2  1の作業中にみつけた地名を地図帳で探して，場所を確認しよう。特に「どこで発生したか」を探して，黒板に示そう。
3  説明の準備をしよう。
```
図2　作業手順の掲示

展開1［20分］ 教科書と資料集を使って空欄に記入したキーワードを検索し，ワークシートの課題を完成させる。まず索引から，班内で個人が調べるページを割り振り，その後，各自が調べた情報を班で1枚のワークシートにまとめるようにうながした。電子辞書などを使って，さらに積極的に調べる生徒もいた。

本時の問いは二つ設定した。一つめは，「与えられた課題は，どこで，いつごろ発生し，どのような特徴をもっているのか」（図1中の問1），二つめの問いは「与えられた課題と唐のつながりを明らかにし，唐ではどこで，いつごろ確認されているのかを調べる」であった（同問2）。

問いに答えるための手順は，電子黒板を使ってホワイトボードにも掲示し，常時確認できるようにした（図2）。問1は，作業のなかで出てきた地名を調べることで，それぞれの課題の発生地と唐との位置関係を，さらに当時の地理的空間を把握させることができるという可能性をもっている。地名を調べる作業はワークシートには反映されないが，空間把握は本時の結論にいたるには必要な手間であるので，調査段階でみつかった地名は地図帳などで探すようにうながした。

それぞれの課題で配慮すべき点，実際に行った際の問題点を以下に示した。

仏教……唐に伝来した宗教のなかでは、もっとも史料が豊富であり、生徒はどの程度にまとめたらよいか悩んでいたため、仏教の発生については簡単にまとめるようにうながした。すでに魏晋南北朝文化で仏教伝来をならっているので、比較的容易にまとめられる。教科書・資料集の情報から、中国への仏教伝来はオアシスの道を経由したことがうかがえた。

ネストリウス派キリスト教……キリスト教の特定の分派の名前が出てくるので、ネストリウス派とは何か、という情報もあわせて収集する必要がある。教科書・資料集の情報からは、ササン朝からソグド人のネットワークをつうじて唐に伝来したことが確認できる。資料があれば、「大秦景教流行中国碑」も紹介したい。

マニ教……ササン朝起源の宗教で、ゾロアスター教や美術品と一緒に東西に伝わったが、ここでは東への伝播過程を追いかける。ササン朝からウイグル人に受容され、オアシスの道の国際交易によって唐に伝わったことがわかる。ただし、教科書にはマニ教そのものの詳しい説明はないので、補う必要も感じた。

イスラーム教……次の単元の話題なので、イスラーム教の概要について補足する必要がある。とくに中国とのつながりには海路におけるムスリム商人のネットワークが重要である。情報量も多いので、必要な情報を取捨選択できるよう、適宜、声をかけながら指導したい。

ササン朝（ペルシア）美術（文化）……どのような課題名にするか、もっとも悩んだ選択肢であった。7世紀半ばのイスラーム勢力によるササン朝の滅亡は、ペルシア人またはペルシア美術の唐への流入をうながしたとされるが、それ以前より、オアシスの道の交易を担ったソグド人などの商人によってササン朝の文物は中国に到来していた。その後の日本伝来については義務教育での既習事項なので、資料は断片的であるが比較的理解がおよびやすい。

展開2［10分］　問2では、それぞれの文化や宗教が、唐のどこで確認されたかを教科書・資料集からみつけることで、伝播の始点と終点を明らかにしようとした。なかには、伝播の経路が示されているものもあるので、この作業により、展開2のワークに取り組みやすくなるのではないかと考えた。展開2に入る前に、ホワイトボードにユーラシア大陸の地図を掲示して、上から必要事項を書き込めるようにした。班の代表者がそれぞれの発生地域を地図上に書き込む間、ほかの班員には説明の準備をうながした。各班の情報を一つの地図に集約したため、書き込むための時間が想定以上に必要で、説明の時間があまりと

れなくなったので，発表は数班にしぼってもよかったというのが反省点である。仏教・マニ教・イスラーム教・ササン朝美術については地域の特定が容易であったが，ネストリウス派については，キリスト教の発生地を示すように指示した。

まとめ[10分]　それぞれの班で，課題にした宗教・文化が「どこから」「どのような経路をとおって」伝わったのかを発表させ，教室全体で情報を共有した。オアシスの道や海の道をとおるというルートが黒板に複数示され，文化や宗教が，人々の交易によって運ばれることを確認した。

ササン朝美術を例に，『詳説世界史』を利用した場合にはどのような情報が抽出可能か，ジグソー的な構造を示したものが，図3である。生徒はそれぞれに資料を利用しながらササン朝美術に関する情報を収集した。当然，類似情報もあるので，それらを整理しつつ，班として課題の特徴をまとめるようにうながした。

生徒のワークシートからは，ササン朝ではガラス製の工芸品を例にして「イラン文化が再興され…洗練された美術工芸品」がうまれたこと，獅子狩文錦を例にして「ササン朝由来のデザインが中国（唐）に広まっていることがわかる」などの記述があった。さらに「さまざまな国に広がり，ササン朝の文化と各国の文化がまざった独自の文化もうまれた」とまとめられていたことから，意匠などがアレンジされ現地化してゆく過程も理解したことをうかがうことができた。

唐の最大領域とイスラーム圏（ウマイヤ朝）が接していることは『詳説世界史』87頁の地図「隋唐時代のアジアと隋代の運河」でも確認でき，唐がイスラームと接したことに注目が集まるが，その裏で，イスラームに滅ぼされたササン朝から「多くのイラン人が長安に移住」（『詳説世界史』89頁）している。これは，人の動きに文化がついてくることを実感できる部分である。複数の文化圏の関係性を横断的に把握しようとするグローバル・ヒストリー的な世界史理解をさせるとしたら，それらの担い手としてこのような人々の動きを示すことも有効であろう。

ゾロアスター教・マニ教・ネストリウス派キリスト教・仏教（仏教もまた夷教であることを忘れがちであるが）を内包した国際都市長安は，会昌の廃仏に象徴されるように9世紀になると国際性を失ってゆく。可能なら，その後の動向も示しておきたい。

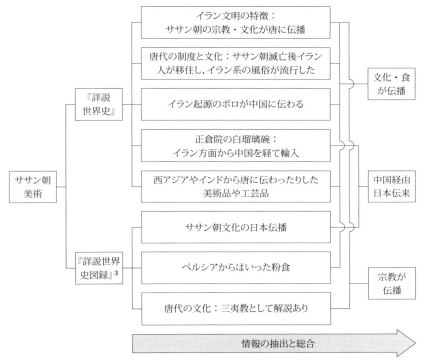

図3 ササン朝美術

　最後に，このALの実践事例の反省点を二つ述べる。第一に，ササン朝について，本来の課題である宗教としてまとめるなら，ゾロアスター教を課題にすべきだということである。今回はササン朝美術の資料が多いのでそちらを活用することにし，生徒への課題名は「美術（文化）」として，食事やスポーツについても調査範囲が広がるようにした。第二に，宗教によって掲載されている情報量が大きく異なるという点だ。情報量の少ないマニ教やネストリウス派については，補足の説明資料を作成しておくとよかったように思う。

評価

　本実践事例で紹介した班が記入したワークシートは，ササン朝の文化的特徴だけでなく異文化が融合した点も上手に整理されていた。とはいえ，まとめの部分に地名があまり出ておらず，空間認識の点ではもう少し取組がほしかった。唐とのつながりについては，正倉院御物にも言及しつつ，中国とのつながりがよくわかる仕上がりであった。ホワイトボード上ではササン朝の位置を示し，

唐とのつながりとして中央アジアを貫くオアシスの道を示していた。

　このようにワークシートの記述を評価することはできるだろう。しかし，反省点として示したとおり，課題によっては元々の情報量に差があるので，当然抽出可能な情報もかたよりが生じる。そのため，情報量の多寡では評価をすることができず，ある一定以上の基準（活動量）が行われたかどうかの，ざっくりとした査定をするしかない。また，班の活動がどれほど活発だったのかは，机間巡視のみで判断することはできない。今回は取り入れなかったが，必要であれば生徒の自己評価や相互評価の利用を取り込みながら，活動の成果を評価する程度にとどめてはいかがであろうか。

【参考文献】
石見清裕『唐代の国際関係』（世界史リブレット97）山川出版社，2009年
北村厚『大人のための世界史入門　教養のグローバル・ヒストリー』ミネルヴァ書房，2018年
氣賀澤保規『中国の歴史06　絢爛たる世界帝国　隋唐時代』講談社，2005年
妹尾達彦『長安の都市計画』講談社選書メチエ，2001年

1　ジグソー法については実践5（39-40頁）参照。
2，3　木村靖二・岸本美緒・小松久男監修『山川詳説世界史図録（第2版）』山川出版社，2017年。

コラム⑤
教科書のもととなった史料の読み取り

荒井雅子

　史料の使い方の一例として、「教科書記述を考えることで、無批判な受容態度に一石を投じることができるのではないか」という示唆を受けたことから、教科書記述のもととなった史料を読み、本文を補足したり、教科書と比較するという授業を試みている。教員にとっての教科書は、さまざまな史実とその解釈のダイジェスト版だが、生徒にとっては教科書に書かれていることは「絶対」に正確で、それについて考えるとか、批判するということは想像すらしないだろう。しかし、アクティブ・ラーニングを前提とした授業においては、無批判な受容態度は望ましくない。そこで、生徒自身が、アクティブ・ラーナーとして活動できるような、史料利用の視点を考えてみよう。

　第一点は、読み方である。これには二つの可能性がある。信頼しうる情報源として取り扱うことが、もっとも単純で簡単なことだ。これを生徒の具体的な活動として考えるならば、教科書事項を補足するさらなる情報源として史料を使う、ということだろう。例えば『アテナイ人の国制』には、アテネの政治的変遷をまとめた簡単な記述があるので（『アテナイ人の国制』第41章（二）ほか）、それを利用してドラコン、ソロン、ペイシストラトスの治績について補足したり、ソロンを「民主政治の出発点」と評していることを利用して、その理由を考えさせることができるだろう。この場合、記述されたことをそのまま情報源として利用している。ほかにも、原著に戻ると、教科書では読み飛ばしてしまいそうな事項にも気づくことができる。その場合は、読解の活動に活用するというよりは、教員の学びのためという側面も強いが、これもまた、情報源として活用していることになる。

　次に、一歩進んで、批判的に史料を読むという活用方法も考えてみたい。歴史学の作法に則れば、史料の妥当性についても考える（史料批判）べきであろうが、ここでは史料批判にいたる前の段階として、ある意図をもって書かれた記述を、批判的に読むという利用方法を考えてみる。そのような素材として利用しているのは、十字軍呼びかけの際のウルバヌス2世の演説である。

　ウルバヌス2世が十字軍参加への呼びかけをしたことは教科書にも掲載されているが、その演説は何人かの手によってさまざまに記録されている。『世界

史史料　5』198頁にあるシャルトルのフーシェの記録に従えば（「第3章　エルサレム遠征に関する教皇の勧説」シャルトルのフーシェ『エルサレムの歴史』より），ウルバヌス2世は，セルジューク朝をキリスト教徒を脅かす「邪悪な民族」と表現し，十字軍活動を贖罪行為と位置づけている。ここから，セルジューク朝または異教徒への偏見と，十字軍に対するキリスト教徒の熱意とを感じることができるだろう。そして，教科書から読み取れる当時のイェルサレムの状況と照らし合わせて，教皇の勧説を客観的に読み取ると，勧説がある意図をもって行われたということが，比較的容易に浮かび上がってくる。

　第二点は，授業でどのような生徒活動に使うかという利用方法である。『ガリア戦記』に記されているカエサルが観察したゲルマン人について，ペアで異なる部分を読み，互いの情報を共有・統合するという，ジグソー法の活動に用いたことがあった。1人で読むか2人で読むか，全部を読むか部分的に読むか，どれだけの規模の授業を想定しているかで，利用方法は自ずと異なってくるだろう。場に応じた利用が求められる。

　史料の何気ない記述も，おかしいと思ったところで立ち止まることができるようになれば，あたりまえと考えられることにも考えをめぐらせる姿勢を養うことができる。それはアクティブ・ラーナーとしての姿勢ができているということになる。このように，教科書の背後に広がる史料の世界を，議論の余地のある教材として活用したいのだが，残念なことに，世界史分野には日本史のように手軽に使える史料集がない。歴史学研究会の意欲的な取り組み『世界史史料』（全12巻）は素材探しに役に立つが，残念ながら授業で手軽に利用できるタイプのものではない。それ以外には『西洋古代史料集』や『西洋中世史料集』も多用しているが，出版年が古いことが残念である。史資料の活用が求められるなか，世界史分野での史料の充実が求められる。

【参考文献】
歴史学研究会編『世界史史料』1～12巻，岩波書店，2006～13年
アリストテレス，村川堅太郎訳『アテナイ人の国制』岩波書店，1980年
ユリウス・カエサル，國原吉之助訳『カエサル文集　ガリア戦記・内乱記』筑摩書房，1981年

実践 7

教科書の史料を用いた授業展開
―権利の章典からみえるイギリス―

山岡　晃

■ 目標と展開

　生徒が主体的に学ぶための仕掛けの一つに，文字史料の活用をあげることができる。しかし教科書では，地図や写真の資料とくらべると，史料は非常に少ないといわざるを得ず，史料全文が書かれていることは資料集であってもまれである。なお，『詳説世界史』で確認できる史料は，「ハンムラビ法典」(19頁)，「マグナ＝カルタ」(145頁)，「ルターの九十五カ条」(210頁)，「権利の章典」(226頁)，「アメリカ独立宣言」(247頁)，「人権宣言」(250頁)である。

　今回は，このなかから「権利の章典」を取りあげて，イギリスの立憲政治が確立する過程で，「権利の章典」がどのような役割をはたし，どのような影響を与えたのか，そして，革命によりイギリスでどのような政治体制が確立したのかを理解することが目標となる。また，史料を読むことでさまざまな事実を知ることができるということに気づかせるのも，この授業の目標とする。「権利の章典」は，「アメリカ独立宣言」「人権宣言」とならんで近代市民社会における基本原理を明確にした重要な史料であり，中学の教科書でも扱われている。

　本時は1コマ50分の授業の2コマ続きの後半となる。前半のコマの授業で，スチュアート朝の成立からピューリタン革命，共和政の成立まですすめている。展開は，**導入**[5分]→**説明**[20分]→**作業と発表**[15分]→**まとめ**[10分]で構成。導入の後の説明は講義形式だが，それ以外はアクティブ・ラーニング(AL)型の授業となる。

■ 授業準備

　「権利の章典」は，前文で議会側と前国王の対立や「権利の宣言」がなされた原因，名誉革命にいたる過程が述べられ，続いて，国民に認められた権利，そして最後に王位の継承を定めている。教科書には，国民に認められた権利の項目のうちのいくつかがのっており，教科書によってその項目も異なっているが，できれば全項目に目をとおしたい。たとえば『詳説世界史』でははぶかれているが，国民の権利の二つ目の項目に「王権により，法律を無視し，または

法律の執行をしない権限があると称し，最近このような権限を僭取し行使したが，そのようなことは違法である」(『世界史史料6』 4頁)とあり，王権の強化をはかる国王ジェームズ2世と議会の対立が読みとれる。

　岩波書店の『人権宣言集』や『世界史史料』などを参考に前文を含む章典の全体をプリントとして準備することをおすすめする。

『権利の章典』前文

> 　ウェストミンスターに召集された僧俗の貴族および庶民は，わが王国の人民のあらゆる身分を，適法，完全かつ自由に代表して，1688年2月13日〔西暦1689年2月23日〕に，当時オレンジ公および女公，ウィリアムおよびメアリという名前と称号で知られており，正式に臨席しておられた両陛下に，上記の貴族および庶民によって作製された宣言文を捧呈した。その文言はつぎの通りである。
> 　前王ジェームズ2世は，その用いたさまざまの邪悪な顧問官，裁判官および廷臣の補佐によって，新教およびわが王国の法律と自由とを破壊し根絶しようと企てた。(中略)また，前記の前国王ジェームズ2世は，政務を放棄し，そのため王位は空位となったので，……オレンジ公殿下は……1688年1月22日，ウェストミンスターに召集され開会される国会に，かれらを代表して出席する権限を有すべき人々を選出するよう伝えられた。そして，この書簡にもとづいて，選挙が行われた。
> 　その結果，前記の僧俗の貴族および庶民は，それぞれの書簡および選挙により，わが国民の完全かつ自由な代表としてここに召集され，前記の諸目的達成のための最良の手段についてきわめて真剣に考慮し，まず第一に(かれらの祖先が同様な場合に行ったように)かれらの古来の自由と権利を擁護し，主張するため，つぎのように宣言した。
> (『世界史史料6 ヨーロッパ近代社会の形成から帝国主義へ 18・19世紀』 4頁)

『権利の章典』の項目

> 1．王の権限によって，議会の同意なく，法を停止できると主張する権力は，違法である。
> 4．国王大権と称して，議会の承認なく，王の使用のために税金を課することは，違法である。
> 6．議会の同意なく，平時に常備軍を徴募し維持することは，法に反する。
> 8．議員の選挙は自由でなければならない。
> 9．議会での言論の自由，および討論・議事手続きについて，議会外のいかなる場でも弾劾されたり問題とされたりしてならない。
> 13．あらゆる苦情の原因を正し，法を修正・強化・保持するために，議会は頻繁に開かれなければならない。
> (『詳説世界史』226頁)

■ 授業の実践

導入［5分］

　3〜4人のグループをつくり，グループで前半のコマの授業の内容を簡潔にまとめさせる。このとき，資料集のチャールズ1世の処刑の絵を提示したりす

ると，生徒へのヒントとなる。

　そして，時間を見計らって発表させる。発表は各グループで一つずつ，早い者勝ちであげさせると活発に意見が出る。前回の授業のポイントとしては，
・スコットランド出身のステュアート家がイングランドを支配したこと
・その専制支配が議会の反発をまねいたこと
・内乱となり，チャールズ1世が処刑されて共和政が成立したこと
・クロムウェル指導下の征服活動や航海法などの重商主義政策がすすんだこと
などがあげられる。

説明[20分]

　ここは，いわゆる講義の部分となる。王政復古にいたる原因，王政復古で即位したチャールズ2世が議会との約束を破ったこと，王に対抗する過程で議会が立法機関として活性化したことなどを熱く語る。とくにチャールズ2世が約束を破ったことと，名誉革命のときにウィリアムとメアリが「権利の宣言」の承認によって即位が認められたことを対比させたいので，その部分は強調しておく。また宗教関係が複雑なので，きちんと整理しておくことも重要である。

作業と発表[15分]

　再び，グループでの作業となる。ここで「権利の章典」の史料を各グループに1部ずつ配布する。全員にわたしてしまうと，各自で黙々と読んでしまい，意見が出ずに静かになってしまったことがあるので，できるだけ意見を出しやすくするためにも，グループで一つの史料をみることにしている。

　ステップ1　前文から，何があったのかを読みとり，発表する。

　作業前の説明で，ジェームズ2世が王位についたところまですすめているので，前文の内容からその後ジェームズ2世と議会の間で何があったのかをグループごとにまとめ，発表させる。

　前文には，「前王ジェームズ2世」とあり，その悪政がいろいろと述べられている。また，「王位が空位となった」「ウィリアムが議会を召集した」とあり，ウィリアム以外にジェームズ2世の娘「メアリ」の名も確認できる。こうしたことから，王の交代，つまり革命がおこったことを読みとることができる。議会が「権利の宣言」を行った目的は何か，どのような状況で宣言したのか，だれに対して宣言したのかを確認し，後はこの革命を名誉と称する理由を加えて，その様子を描いた資料集の絵をみせれば，名誉革命と「権利の章典」の内容は理解させられるだろう。

また，前文の最後にある「古来の自由と権利」とは何を指しているのかを確認することで，「マグナ＝カルタ」などの復習につなげることもできる。

　ステップ2　権利の項目で繰り返し使われている語句や言い回しに線を引き，そこからわかることをまとめ，発表する。

　いきなり，考えなさいといってもなかなか意見が出てこなかったり，じっと読むだけの作業となって，活動が活発にならないことがあった。そこで，まず史料のなかで繰り返し使われている語句や言い回しをみつけて，そこに線を引くということから始めた。やることが明確なため，生徒も作業をすすめやすくなった。

　実際に線を引いてみると，「違法である（法に反する）」が何度も使われていることがわかる。そこで，何が違法なのかを考えると，「王の行為」＝「違法」であったことを読みとれるはずである。また，「国会の承認」も複数回使われている。ここから，王が議会の承認を得ずに行動していたことがわかる。議会が法による政治を求めていたこと，王も法に従うべきであることを議会が求めていたことを確認できればよい。

　なお，『詳説世界史』(218頁)では，テューダー朝の時代について，「宗教改革が議会立法をつうじて達成されたことは，イギリス絶対王政における議会の重要性を示している」とある。こうした記述を使って，ステュアート朝以前のイングランドでは，王と議会が協調していたことを確認し，ステュアート朝と比較してみるのもよい。

まとめ[10分]

　ウィリアム3世からアン女王，そしてハノーヴァー朝のジョージ1世までを説明し，責任内閣制の形成を確認する。そして5分ほどで，この時点でのイギリスの議会政治の仕組みと現在の日本の政治の仕組みの違いについてノートにまとめる(ノートは回収して，後日，フィードバックする)。

　気づいてほしいのは，選挙権をもつ人数の違いだけである。イギリスで議会政治が確立したといっても，選挙権をもっていたのはごく少数の財産をもった人々のみであった。それでも，議会が主導権を握って王を交代させ，偶然であったとしても責任内閣制が形成され，また，王位継承が法に基づいて行われるようになったことは，非常に意義のあることである。

　今回は「権利の章典」だけを使ったが，この後，アメリカ独立革命やフランス革命を学習する際には，「アメリカ独立宣言」や「人権宣言」との比較をす

```
高校 2 年　世界史　　イギリス議会政治の確立について
問1 前回の授業では…

問2 『権利の章典』の前文の部分から読みとれることは？

問3 『権利の章典』の規定の部分から読みとれることは？

問4 議院内閣制について、現在の日本と比べてみると…

　　　　　　　　　　　　　　　高校2年(　)組(　)番　氏名(　　　　　)
```

まとめプリントの例

るのもよい。また，今回は翻訳を用いたが，「権利の章典」の原文は英語であるので，別の機会で原文を扱うのもよいだろう。

【参考文献】
髙木八尺・末延三次・宮沢俊義編『人権宣言集』岩波文庫，1957年
歴史学研究会編『世界史史料』1～12巻，岩波書店，2006～13年
歴史学研究会編『史料から考える世界史20講』岩波書店，2014年

実践 8

産業革命
―MVSと相互評価―

佐藤慎也

■ はじめに

　本実践を行ったのは前任校の東京都立の工業高校定時制第2学年世界史Aの授業である。この学校には機械科・電気科・電子科の3学科が設置されており，卒業後の進路の大半は就職である。多様なバックグラウンドをかかえた生徒もおり，授業に全員参加させるとともに，社会のなかで生き抜くために必要な自ら学び考え行動する力を育むといった点から，5年ほど前からアクティブ・ラーニング(AL)型授業に取り組むようになった。

　こうした実践集をみて，「小規模な学校だからできる」「進学校で優秀だからできる」などといった声もあるかもしれないが，本実践は前任校においてはもちろんのこと，現任校の中学3年生を対象に本実践をアレンジすることで取り組ませることができており，世界史Bにおいても転用しやすい実践だと考えている。本実践が多くの先生方の参考になれば幸いである。

■ 単元指導計画について

　本時では産業革命についてのみを取り扱うが，AL型授業を展開するにあたって重要であるのは，単元指導計画と本時の展開をいかに結びつけるかといった点であると考えている(詳細はコラム⑥参照)。こうした考えから，簡略的ではあるが以下に単元指導計画を示しておきたい。

単元名:「ヨーロッパ・アメリカの諸革命」

	授業内容	単元を貫く問い	本時の問い
第1時	産業革命（本時）	欧米諸国はなぜ政治的に変わることを選んだのだろうか	産業革命はイギリスの社会や経済にどのような影響を与えたのだろうか
第2時	アメリカ独立革命		なぜアメリカ独立革命が起き，どのような理念が芽生えたのだろうか
第3時	フランス革命		なぜフランス革命が起き，どのような理念が芽生えたのだろうか
第4時	ナポレオンとウィーン体制		欧米諸国はなぜ政治的に変わることを選んだのだろうか

本時の目標と授業の流れ

　本単元は,「ヨーロッパ・アメリカの諸革命」(全4時間)として設定している。単元全体を通して,「産業革命と資本主義の確立,フランス革命とアメリカ独立革命を扱い,欧米諸国が政治的に変わることを選んだ理由について多面的・多角的に考察することで,ヨーロッパ・アメリカにおける工業化と国民形成を理解する」ことを目標とする。

　本時(第1時)においては,「産業革命がイギリスの社会や経済に与えた影響を多面的・多角的に考察する」ことを目標とする。

　本実践の授業の大きな流れ(45分授業)は,以下の通りである。

予習　事前配布した授業プリントの穴埋めに,教科書を用いて取り組む。

導入[5分]　各クラスで各学期の最初の授業で作成したグランドルール(態度目標)を確認。ICT機器を活用し,単元を通して考察する「単元を貫く問い」と本時の学習課題である「本時の問い」を確認。さらにルーブリック(学習到達度の評価基準)を提示して,本時の学習活動に対する見通しをもたせる。

展開1[10分]　教科書を生徒に音読させ,適宜解説する(講義形式)。

展開2[15分]　個人で教科書や授業プリントにのせた資料を活用し,産業革命がイギリスの社会や経済に与えた影響について,よい影響だと思った点,悪い影響だと思った点,面白いと思った点にわけてワークシートに箇条書きで記入。その後,産業革命がイギリスの社会や経済に与えた影響をまとめさせる。

展開3[10分]　3〜4人のグループを作成し,意見共有し合いワークシートにメモをする。生徒数が少ないクラスは,全体共有しながら取り組ませる。

まとめ[5分]　ワークシートにもっとも授業で活躍したと思う生徒(MVS:Most Valuable Student)の名前とその理由を相互評価として書かせる。また,振り返りシートに本時の問いに対する自身の考えを文章で記入させる。

実践とポイント

予習

　予習は教科書をみて,授業プリントの用語を穴埋めしてくるといったもの。前任校では,昼間は仕事で時間がない生徒や,工業高校で歴史を学ぶ必要性を感じていない生徒もおり,なかなか予習に取り組めない生徒も多かったため,まずは穴埋めの量を減らし,5〜10分程度でできるものとした。さらに毎時間授業の冒頭で一人ひとりきちんと穴埋めに取り組んでいるか,机間指導でチェ

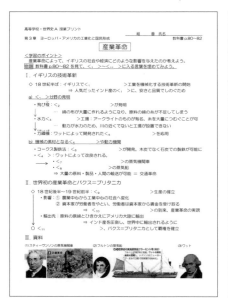

授業プリント

ックして平常点に勘案することで，100パーセント近く予習に取り組んでくるようになった。最初は嫌々取り組んでいた生徒からも，「予習をすることで事前に大きな流れがわかるからよかった」などといった声が聞けたのはうれしい限りである。

　また現任校においても，同様の形式で予習をさせている。もちろん他教科とのバランスや生徒の自習時間の確保などを考慮しなくてはならないが，まずは教科書をあらかじめ読んでくることを課すだけでもおすすめしたい。

導入［5分］

　導入部分では毎時間，グランドルールを確認するところからスタートしている。グランドルールとは授業を行うにあたっての最低限のルールを示したものであり，生徒に対しては「だれ一人として見捨てない，学びのある場をつくるためのルール」というように説明している。具体的には，「①積極的に参加〜○発言する・メモする，×ぼーっとする・何もしない〜」「②きちんと聴く〜仲間も先生の話も，「耳」と「目」と「心」を「十」分に！〜」「③各クラスで考えたグランドルール」の３つを設定している。③の各クラスで考えたグランドルールは，各学期最初のオリエンテーションで生徒に話し合わせて考えさせ

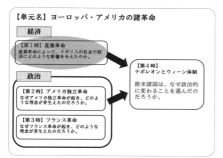
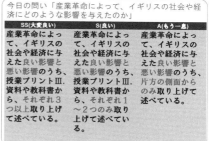

導入用のスライド

たものである。数名の生徒を指名して答えさせることで，本時の学習に対して集中させることができる。

その後，図にあるようにスライドとワークシートで「単元を貫く大きな問い」と「本時の問い」，さらに本時のルーブリックを確認させることで，単元全体における本時の学習課題の位置づけと，本時のゴールを明確にした。このような導入を行う意図は，世界史に限らず歴史学習に苦手意識をもつ生徒の多くが，歴史的事象同士のつながり・関連性・因果関係でつまずきをもつ場合が多いからである。

展開1［10分］

最初に教科書を音読させてから，講義形式で解説する。教科書を音読させる意図としては，予習段階で一度は教科書を通読しているのは確かであるものの，用語ばかりに注目してしまい文意を正確にとらえられていない場合があるためである。また，後半に行うワークの時間確保のため，解説にはスライドを用いている。予習前提ではあるのだが，予習の度合いは生徒によってかなりばらつきがあるため，必要最低限の講義は行うようにしている。冒頭から，たとえば「なぜ産業革命がこの時代におこらざるを得なかったのか」と問いを投げかけ考察させる方法も十分に考えられるが，単元指導計画に示した通り，本時ではとくに産業革命の影響を考察させたいため，展開1ではそこまで深くふれていない。

展開2［15分］

次に5分間時間を取り，教科書や授業プリントに載せた資料を活用して，産業革命がイギリスの社会や経済に与えた影響について，よい影響だと思った点（Plus），悪い影響だと思った点（Minus），面白いと思った点（Interesting）にわ

実践8　産業革命

ワークシート

けてワークシートのⅡに箇条書きで記入させる。これはPMIチャートとよばれるシンキングツールを用いており、歴史的事象などについて多面的・多角的に評価させる際に有効なツールである。前任校の場合、資料集を購入させていなかったが、学校で採択している資料集を活用して実践することもできるだろう。

その後、残り10分程度で「産業革命がイギリスの社会や経済に与えた影響」について、ルーブリックを参考に、口頭で説明できる程度にワークシートのⅢにまとめさせる。学校によってはすぐにまとめさせてもよい場合もあろうが、前任校の場合は口頭で説明できる程度にまでまとめることは、かなりハードルが高かったため、教員が生徒の様子をみながら助言をしてスモールステップを踏ませることで、全員が参加できる授業を目指した。

展開3［10分］

ここで3～4人のグループを作成し、さきほどワークシートのⅢにまとめた「産業革命がイギリスの社会や経済に与えた影響」について意見を共有し合い、

互いの意見をワークシートのⅣにメモする。もしⅢに記入した自分の意見につけ加えたいことがあった場合は，赤ペンなどで書き込ませる。グループによってより発展的な内容まで考察できそうな場合は，「なぜこのような影響はこの時代にはじめてみられるようになったのだろう」と追加の発問を投げかけることで議論の活性化をはかる。なお，生徒数が6〜7人程度と少ないクラスもあったが，その場合はイギリスの社会や経済に与えた影響を一人一つずつ発表させ，その意見を板書してクラス全体で共有した。

まとめ［5分］

　MVS（Most Valuable Student）とは，毎回の授業でもっとも活躍した生徒のことで，その名前とそのように考えた理由を書かせている。これを導入した意図としては，テストや教員の観察のみではなく，授業中の取組状況等をなるべく客観的に評価したいといった点からである。実際，このMVSと授業中の観察を総合的に判断することで平常の評価に加えている。ただし，生徒に対しては点数化しているとはいっていない。これについては賛否がわかれるところと思われるが，点数化していると伝えた場合，MVSで書かれることに重きをおいてしまい，真の意味での自ら学び考え行動できる力を育成するといった観点からずれてしまうような気がするからである。

　振り返りシートには，本時の問いに対しての答えとして，きちんとした文章を書くように指導することで，学習内容の定着化をはかる。振り返りシートは時間内に書くことが難しい場合も原則その日のうちに提出するよう求め，ルーブリックに基づき評価している。またとくに優れたものについては，生徒の氏名部分を除いてコピーしたものをまとめたフィードバックプリントを次の授業の冒頭で配布・解説することで理解の深化をはかっている（振り返りシート・評価の工夫については，コラム⑦参照）。

　生徒の成果物をみると「産業革命で機械が発達し，鉄道による物流の革命によりものが増え，人も増え資本主義社会に変化していった。しかし，環境汚染や女性・児童の労働条件の悪化，人口が増えたことによりスラムも形成された」「今まで農業中心だったイギリスは工業中心の社会に変わっていく。さまざまな発明家のおかげで衣類（綿織物）が機械で生産できるようになり，人件費も減らすことができた。大量かつ良質で安く売れるようになり，その生産したものを運ぶ交通機関も発明され，遠いところでも大量に簡単に運べた。しかし，農業が衰退し環境問題や伝染病が流行した」などといった記述が多かった。

終わりに

　授業に全員参加させ，社会のなかで生き抜くために必要な自ら学び考え行動する力を育むためには，まずは日頃からこうした形式に慣れさせ，可能な限り生徒自ら課題を見出し解決できるように工夫することが重要であると思う。幸い生徒からは，「最初はめんどくさいと思っていたが，自分たちで学びあうことでだいぶ後になってからも授業内容がしっかりと思い出せた」などといった声も多く聞かれた。とはいえ本実践で不十分な点もあり，たとえば「産業革命の時代になぜこうした影響があらわれたのだろうか」といった別の問いを投げかけ，各事象の因果関係について考察させてもよかったと思う（現任校ではすでに実践済み）。

【参考文献】
秋田茂『イギリス帝国の歴史』中公新書，2012年
川北稔『イギリス近代史講義』講談社現代新書，2010年
近藤和彦『イギリス史10講』岩波新書，2013年
歴史学研究会編『世界史史料6　ヨーロッパ近代社会の形成から帝国主義へ　18・19世紀』岩波書店，2007年

コラム⑥
「深い学び」を実現するための問い

佐藤慎也

はじめに

アクティブ・ラーニング(AL)型授業で重要なのは年間，単元，本時の計画の三つをいかに結びつけるかといった点にある。また「問い」が重要であるが，いかに「問い」を設定すれば「深い学び」を実現できるか悩んでいる先生も多いように思う。筆者自身もさまざまな試行錯誤をしてきたのだが，現時点でどのように「問い」を設定しているのか述べていきたい。

授業内容の配置と「単元を貫く問い」の設定

筆者は，Excelファイルで授業計画を作成している。学校行事等で多少変更があったとしても十分対応できるように，2単位科目の場合は年間授業時数を55時間，4単位科目の場合は110時間と仮定して計画を立てている。

年間授業時数を設定したら，授業内容の欄に扱う内容を記入する。そのうえで，「単元を貫く問い」を設定する。単元の区切り方は，筆者の場合，基本的には学習指導要領に準じた形で設定する。ただし，単元全体の授業時数が大きくなりすぎる場合はおおむね4～7時間程度におさまるように設定する。4～7時間程度とした理由は，生徒が単元全体を見通すことができるのはこのくらいの時数であろうと考えたからである。「単元を貫く問い」とは，単元全体を学習していくなかで考察する問いのことである。この「単元を貫く問い」は類似と差異，継続と変化といった概念，当時の人々などが選択・判断をした理由などを問うものを設定することが望ましい。

具体的には，いわゆる大航海時代やルネサンスなどが取り上げられる「近世ヨーロッパの形成と発展」であれば，「なぜ16～18世紀にかけて，ヨーロッパ諸国は海外進出する判断をしたと考えられるだろうか」などといった問いが考えられる。また「第一次世界大戦」であれば，「第一次世界大戦をきっかけとした社会や文化の変化のうち，もっとも大きく変化したものは何だろうか」などといった問いが考えられる。

現任校では，このような「単元を貫く問い」について第1時の冒頭に単元全体の概要をつかませたうえで仮説を立てさせ，単元の最後の授業にまとめとして再度考察させる取り組みをしている。2018年7月に公表された新学習指導要

領の解説で問いの例が詳しく示されていることからこれを参考にしたり，いわゆる難関国公立大学の論述問題を参考にしたりすると設定しやすいだろう。

「本時の問い」の設定

　「単元を貫く問い」を設定したら，「本時の問い」を立てる。「本時の問い」とは文字通り授業ごとに考察させる問いであるが，これを設定する際の注意点は二つある。一つ目は，単元全体をみたときにしっかりと知識を習得させる場面と，思考させる場面とをバランスよく計画すること。二つ目は，「単元を貫く問い」と「本時の問い」との関連性や順序性を十分にもたせることである。「本時の問い」を設定すると，最初に設定した「単元を貫く問い」との整合性が取れなくなる場合が多々ある。その場合は「単元を貫く問い」を見直すとよいだろう。最初は単元・本時の問いを立てるのに時間がかかるが，教科書にのっているトピックの問いなどを参考にすると，比較的負担なく設定できるのでおすすめである。

最後に

　「本時の問い」まで設定できたら，授業中に生徒に問う発問を設定する。これは各学校の生徒の実態をふまえ，スモールステップの視点に立って設定する必要がある。本書では多くの実践事例があるため，これらを参考にするとよいだろう。なお右頁の表は今年度担当している中学3年生の授業計画の一部であるが，高校の授業においても応用できると考えている。

年間授業計画の例

回数	日にち	授業内容・予定（扱う用語等）	単元のねらい	単元を貫く問い	ねらい・本時の問い	関心意欲態度	思考判断表現	資料活用の技能	知識理解	生徒の反応	実際の進度
31	10月22日	テスト返却・解説									
32	10月25日	日本の産業革命と国民生活の変化（日本銀行、八幡製鉄所、財閥、社会主義、足尾銅山鉱毒事件、田中正造、幸徳秋水、大逆事件）	単元名：第一次世界大戦前後の国際情勢と大衆の出現 第一次世界大戦の背景とその影響、民族運動の高まりと国際協調の動き、我が国の国民の政治的自覚の高まりと文化の大衆化などを基に、世界の動きと我が国との関連などに着目して、近代の社会の変化の様子を考察し表現することを行い、第一次世界大戦前後の国際情勢及び我が国の動きと、大戦後に国際平和への努力がなされたことを理解する。	第一次世界大戦をきっかけに、日本や国際社会はどのように変化したのだろうか	日本の近代産業の発展は、当時の社会や人々に何をもたらしたのだろうか		○	○			
33	10月29日	議会政治の始まりと国際社会との関わり			日本が近代国家として国際的な地位を向上させることができた、最も大きな理由は何だろうか		○	○	○		
34	11月1日	第一次世界大戦			第一次世界大戦はなぜ世界戦争へ拡大したのだろうか	○	○				
35	11月5日	ロシア革命と第一次世界大戦の終結			第一次世界大戦やロシア革命をとおして、ロシア・ヨーロッパ・アメリカはどのように変化したのだろうか		○	○	○		
36	11月12日 全校集会、避難訓練	ベルサイユ条約と国際協調の動き、列強の植民地とアジアの民族運動			パリ講和会議で各国は何を目的に交渉にあたったのだろうか		○				
37	11月15日	大正デモクラシーと政党政治			日本の政党政治はどのように実現したのだろうか	○	○	○			
38	11月19日	ワシントン会議と日米関係			軍縮に向かう世界の流れに、日本はどのようにかかわっていったのだろうか		○	○			
39	11月26日	第一次世界大戦前後の国際情勢と大衆の出現			第一次世界大戦をきっかけに、日本や国際社会はどのように変化したのだろうか		○	○	○		

実践 9

東アジアの激動
―アヘン戦争―

佐藤慎也

はじめに

　世界史が苦手な生徒にありがちなのは，教科書を読んでも，なぜそのようなできごとがおきたのか分からず，結局暗記ではないのかなどといったものが多いように思う。本来，歴史の面白さのひとつには，その時代に生きていた人々がときに悩み，ときにある種の思惑をもって選択・判断したことが予想しない結果につながるといったストーリーにあるだろう。本時ではこうしたストーリーをつかませることで，アヘン戦争が勃発した経緯について理解させるとともに，単元全体をとおして日本の近代化政策の特徴をつかませる。

　なお本実践は，前任校の東京都立の工業高校定時制の第2学年世界史Aにおいて実践したものである。

単元指導計画について

　本時では東アジアの激動についてのみを取り扱うが，アクティブ・ラーニング（AL）型授業を展開するにあたって重要なのは，単元指導計画と本時の展開をいかに結びつけるかといった点であると考えている（詳細はコラム⑥参照）。こうした考えから，簡略的ではあるが以下に単元指導計画を示しておきたい。

単元名：「東アジア世界の動揺」

	授業内容	単元を貫く問い	本時の問い
第1時	明から清へ	日本はなぜ欧米諸国をモデルとした近代化政策をとる判断をしたのだろうか	明・清朝はどのような支配体制を築いたのだろうか
第2時	東アジアの激動（本時）		もし道光帝であったとしたら，アヘン問題に対しどのように対処するだろうか
第3時	洋務運動と明治維新		清の洋務運動と日本の殖産興業の共通点と異なる点は何だろうか
第4時	日清戦争		日本はなぜ欧米諸国をモデルとした近代化政策をとる判断をしたのだろうか

　本時でおもに扱う内容は，アヘン戦争である。アヘン戦争は東アジアにおける「西洋の衝撃」との関係で扱われるが，前提として中国が東アジア世界にお

いて強い影響力をもっていたことをきちんとつかませておくことが重要であるのはいうまでもない。そのため前任校では，第1時で明・清朝の政治史を大まかに取り扱ったうえで，明・清時代の社会や経済・文化が栄えていたことや，朝貢・冊封体制についてしっかり確認させることで本時の内容が理解しやすいように工夫した。明・清朝についてはもっと前の単元ですでに扱っている場合が多いと思われるが，アヘン戦争を扱う頃になると忘れてしまうことも多いと判断したため，このような単元構成にした。アヘン戦争から日清戦争にいたるこの時代に，東アジア地域で伝統的に受け継がれてきた国際秩序が大きな転換を迎える時期であることから，明・清朝がどのように成立し支配体制を築いたのか，しっかりと確認しておくべきであろうと考えている。

本時の目標と授業の流れ

　本単元は，「東アジア世界の動揺」(全4時間)として設定している。単元全体をとおして，「ヨーロッパの進出期におけるアジア諸国の状況，植民地化や従属化の過程での抵抗と挫折，伝統文化の変容，そのなかでの日本の動向を扱い，19世紀の世界の一体化と日本の近代化を理解する」ことを目標とする。

　本時(第2時)においては，「当時の清の皇帝である道光帝としてアヘン問題への対応策を考察することをとおして，アヘン戦争にいたった経緯を理解する」ことを目標とする。

　本実践の授業の大きな流れ(45分授業)は，以下の通りである。

予習　事前配布した授業プリントの穴埋めに，教科書を用いて取り組む。

導入［5分］　グランドルール(態度目標)を確認。ICT機器を活用し，単元をとおして考察する「単元を貫く問い」と本時の学習課題である「本時の問い」を確認。さらにルーブリック(学習到達度の評価基準)を提示し，本時の学習活動に対する見通しをもたせる。

展開1［10分］　18世紀末に農民反乱が各地で勃発していたことを講義でつかませ，マカートニーの謁見を乾隆帝が拒否した理由を個人で考察させ，全体共有で理解させる。

展開2［10分］　三角貿易を説明したうえで，教科書や授業プリントに載せた資料をもとに，アヘン問題の深刻化によって清朝に与えた影響を考察。アヘン戦争から北京条約の締結までの経緯について説明する。

展開3［15分］　個人でワークシートの資料を読み取り，もし道光帝であったらアヘン問題にどのように対処するのか考察させる。3〜4人のグループをつ

くり，グループとしての意見と理由をまとめさせ全体で発表させる。

まとめ［5分］　ワークシートにもっとも授業で活躍したと思う生徒（MVS）の名前とその理由を相互評価として書かせる。また，振り返りシートに本時の問いに対する自身の考えを文章で記入させる。

実践とポイント

予習・導入

　予習は，授業プリントの用語の穴埋めに取り組ませ，授業開始時に机間指導で生徒一人一人をチェックしている。また導入部分では毎時間，グランドルール（態度目標）を指名して確認するところからスタートしている。また，図にあるようにスライドで「単元を貫く問い」と「本時の問い」，さらに本時のルーブリックを確認させることで，単元全体における本時の学習課題の位置付けと，本時のゴールを明確にしている。（詳細については「実践8」を参照）

　本時に設定している問いはアヘン問題への対応策を考えるもので，比較的オープンエンドのものとなっている。こうしたシミュレーション教材を扱う場合，歴史的事実を無視した議論になりがちである。このためどのような意見であれ，必ず歴史的事実や史料を根拠に意見を述べるようルーブリックを設定した。ま

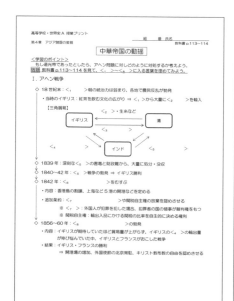 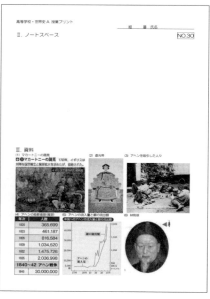

授業プリント

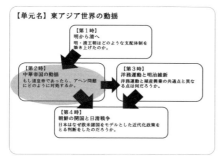 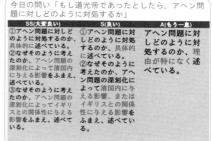

導入用のスライド

だ不十分といった意見もあるだろうが，筆者の意図としてはアヘン問題による政治的・経済的・社会的影響，そして清朝とイギリスとの外交関係に与える影響を総合的に判断したうえで意見を述べることを求めたものである。

展開1

　最初に教科書を音読させてから，スライドを用いた講義形式で解説する。音読させる意図としては，予習段階で一度は教科書を通読しているものの，用語ばかりに注目してしまい文意を正確にとらえられていない場合があるためである。この講義部分では，清朝は18世紀半ばから西欧諸国との海上交易を広州のみとしていたこと，清朝国内では18世紀末に農民反乱が各地で勃発していたこと，イギリスは中国から大量の茶を買いつけて，イギリスから中国に多量の銀が支払われていたことをつかませた。そのうえでマカートニーの謁見の図を提示し，貿易制限の撤廃を求めて乾隆帝に謁見したことを理解させ，なぜ乾隆帝はマカートニーの要求を拒否したのかを，個人考察⇒ペアで確認⇒全体共有の流れで考察させた（ワークシートのⅡ）。生徒からは「わざわざ港を広げるメリットはなかったから」「対等の関係が嫌だったのではないか」などといった意見が出された。また時間があればこのタイミングで，マカートニーと乾隆帝の表情の違いから，描き手の意図を考察させてもよいだろう。

展開2

　イギリスが三角貿易を行った意図として，流出した銀を回収することがあったことを説明したうえで，アヘン問題の深刻化によって清にどのような影響が出てきたのか，個人考察⇒ペアで確認⇒全体共有の流れで教科書や資料を活用して考察させた（ワークシートのⅢ）。この際，『要説世界史』の資料「広東貿易でのアヘン貿易の推移」(113頁)や，授業プリントに提示した「アヘンの吸飲

者推定数」「中国へのアヘン流入と銀の流出」「中国のアヘン窟」を活用した。生徒からは「アヘン中毒者が増えて治安が悪化したのでは」「銀が流出して経済的に苦しくなったのではないか」などといった意見が出された。その後，林則徐によるアヘンの没収・処分からアヘン戦争の勃発，アロー戦争にいたる経緯について概要を説明した。

展開3

ここでは実際にはアヘンの没収・処分といった判断がなされたのだが，この決断にいたった経緯やほかの選択肢はありえたのか考察することをとおして，アヘン戦争が勃発した経緯を理解させることを目的に，もし道光帝であったとしたら，アヘン問題にどのように対処するのか，許乃済のアヘン厳禁論と黄爵滋のアヘン弛禁論を参考に個人で考察させた（ワークシートのⅣ）。アヘンは麻薬であるため，アヘンの吸引はもちろん違法であるということはきちんと伝えた。許乃済と黄爵滋の二人を取りあげた意図としては，当時の清朝内においても多様な意見があり，道光帝を含めて当時の人々が悩んだうえで選択・判断し

ワークシート

70

たことをつかませたいという点にある。その後3～4人のグループをつくり，グループとしての意見をワークシートのVにまとめさせ，クラス全体で共有・議論した。

まとめ

　本時のまとめをどうするかは悩んだが，グラッドストンの議会演説を紹介しイギリス内でもこの戦争に対して道徳的に疑問を呈していた政治家がいたことを伝えたうえで，グループとしてではなく，自分自身が道光帝であったらどのような対処すべきだと考えるか，振り返りシートにまとめさせた。

　こうした実践に対して，「歴史にifはない」といったご意見も当然あることだろう。しかし歴史教育においては，こうしたifの発問をすることによって，歴史総合や世界史探究で求められる「社会的事象の歴史的な見方・考え方を働かせ，課題を追究したり解決したりする活動をとおして，広い視野に立ち，グローバル化する国際社会に主体的に生きる平和で民主的な国家及び社会の有為な形成者に必要な公民としての資質・能力」を育むことにつながると考えている。ただし繰り返しになるが，ifの発問をする際には，単元における本時の位置づけやねらいを明確にするとともに，歴史的事実や史料をしっかり示さないと議論がそれこそ空論になってしまうため，事前の条件設定が重要であることを強調しておきたい。

　生徒の成果物をみると「自分はアヘン問題に対し，国内のアヘン吸飲者を取り締まり，イギリスと貿易する港を増やすべきだと考えます。なぜなら，アヘン問題のせいで，国内の銀が不足しているので，アヘン使用者を減らし，銀の輸出をおさえ，イギリスとの関係で悪化させないように，イギリスとの貿易拡大を受け入れるべきと思ったから」「アヘン中毒になっている人の治療をすることが大事だと思う。アヘン自体を処分しても人々はアヘン中毒のままで，もしかすると反乱も起こりかねない。なので，アヘンの処分ではなく中毒者の治療をして，アヘンを吸う人をなくし銀の流出をおさえる。そうすることでイギリスの金回りが悪くなり，清から離れ，ほかの国と貿易するかもしれないから」などといった記述がみられた。

　余談ではあるが，この成果物をまとめたフィードバックプリントを次の回の授業で配布したところ，「港を増やすといっても，当時の清の皇帝の立場からするとそういった発想はそもそもありえないのではないか」といった意見が出されたのは驚きであった。おそらく朝貢・冊封体制をふまえて述べた，するど

い意見であったと考えている。

また最後にMVSを書かせて相互評価をさせる。

MVSや振り返りシートについては，「実践8」やコラム⑦を参照されたい。

■ 終わりに

単元指導計画の通り，最終的には「日本はなぜ欧米諸国をモデルとした近代化政策をとる判断をしたのか」を考察することをゴールとしている。このため本実践においては，アヘン問題を題材としたシミュレーション教材を取り扱うことで，単元全体をとおして日本の近代化政策の特徴をよりとらえやすくしようと試みた。こうした題材の場合，歴史が苦手と感じている生徒も得意な生徒も積極的に参加することが多く，AL型授業に適している。本実践をアレンジ・改善して試していただければ幸いである。

【主な参考文献】
岡田英弘・神田信夫・松村潤『紫禁城の栄光　明・清全史』講談社学術文庫，2006年
岡本隆司『中国の論理　歴史から解き明かす』中公新書，2016年
宮崎市定責任編集『中国文明の歴史9　清帝国の繁栄』中公文庫，2000年
吉澤誠一郎『清朝と近代世界　19世紀』岩波新書，2010年
歴史学研究会編『世界史史料9　帝国主義と各地の抵抗Ⅱ　東アジア・内陸アジア・東南アジア・オセアニア』岩波書店，2008年

コラム⑦
振り返りシート・評価の工夫について

佐藤慎也

はじめに

　コラム⑥「「深い学び」を実現するための問い」において，問いの設定の仕方について提案したが，問いの組み立てを適切に行ってもアクティブ・ラーニング(AL)型授業がうまくいかないケースが十分ありうる。実際，前任校ではテスト勉強で見直したときに歴史的事象同士のつながりが思い出せないと，生徒から相談されたことがあった。そこで本コラムではこうした問題を解消するために活用した振り返りシートについて紹介するとともに，AL型授業においてしばしば話題となる評価方法の工夫について，成果と課題を交えながら紹介したい。

単元を通じて用いる振り返りシートについて

　振り返りシートとは，1単元を通して用いるポートフォリオである。図で示した通り，一番上段に単元を貫く問いに対する仮説を立てさせたうえで，各時における問いに対する答えを記入し，単元の最終時に単元を貫く問いに対する答えを記入させる。この振り返りシートに予め問いを示すことで，最終時に単元全体を振り返らせたときに歴史的事象同士のつながりをとらえやすいように工夫した。また仮説を立てさせた理由は，単元全体を学習した際の自己の考え方の変容に気づかせることや，学習内容に対する疑問をもたせ学習意欲を喚起させることを意図したものである。

　なお図で示した振り返りシートは，現任の中高一貫校の中学1年生で使用しているものであり，おおむね100字程度でまとめるよう字数制限を設けた形式となっている。しかし前任校では，字数制限を設けないものを用いた。これらの理由は，現任校は難関国公立大学等の進学指導を考えたときに要約して論述する力を早い段階で身につけさせるため，文章を書くことが苦手な生徒が多かった前任校では自身の考えを文章化する力を身につけさせることを優先したためである。実践する場合には，各学校の生徒の実態や進路状況などのニーズなどに基づき工夫するとよいだろう。

評価方法の工夫について

　筆者が現時点で評価に用いているものは，定期考査，振り返りシートの記述，

授業中の取り組み状況（MVS および観察。MVS については実践8を参照）の3点である。なお，評価についてはすべてを見取ることは不可能であるため，何を優先して，何のために，何を評価対象とするのか，十分に意図と目的を検討したうえで実践すべきであると考えている。

Ⅰ　定期考査について

たとえば資料として，19世紀後半のヨーロッパの地図，1900年と14年のヨーロッパ諸国の兵士および戦艦の数の変化のグラフを示したうえで，「ビスマルク外交がどのように展開されたのか，資料に基づき説明しなさい」といった問題をかつて出題した。授業でビスマルク外交の概要にはふれているが，なぜあのような複雑な外交戦略を行ったのか，あえて初見の資料を用いて問うことで，思考力等がどの程度定着したのかはかった。ただし準備するのに時間が相当かかるため，教員間で資料を共有する仕組みがつくられることを期待しているところである。

Ⅱ　振り返りシートについて

実践8や9で示したように，筆者の場合は毎回授業の冒頭にルーブリック（学習到達度の評価基準）を示すようにしている。毎時間，振り返りシートに書かせたものを回収し，ルーブリックに基づき評価している。しかしこれには課題もあり，生徒数が多いと評価しきれない場合もあるのが難点である。このため，単元の最終時のみ回収して評価する，生徒同士でルーブリックに基づき評価させるなどの工夫をすると無理なく継続できるのではと考えている。

Ⅲ　授業中の取り組み状況について

多くの教員が授業中の生徒の様子を注意深く観察していると思われるが，40人クラスでだれが，どのような発言をしているか，100パーセント把握することは現実問題難しいだろう。このため，MVS を導入することで，可能な限り評価に妥当性をもたせようとしている。また，MVS を導入することで，授業中の取り組みに活気が生まれたことが成果として考えられるだろう。

第1章「原始と古代の日本」　　　　　　　　　　　　　　　　教科書 p.13～27、32～33

単元名「世界の古代文明のおこり」（NO.21～24）振り返りシート

【単元を貫く問い】
　文明が成立する条件にはどのようなことがあるだろうか

年　　　組　　　番　氏名

【仮説を立ててみよう】

21 / ( )	理解度（どれか○）	とても理解できた　よく理解できた　あまり理解できなかった　まったく理解できなかった 　　　4　　　・　　　3　　　・　　　2　　　・　　　1	
	あてはまるものに○ （最大3つまで）	知識につながりをもたせることができた　・　共通点や異なる点を見つけることができた　・　様々な見方や考え方をふまえ考えることができた　・　資料を根拠に考えをもつことができた　・　自分の言葉で書くことができた　・　考えを説明することができた　・　意欲的に取り組むことができた　・　興味関心をもつことができた	
	本時の問い	縄文時代の人々はどのような暮らしをしていたのだろうか	

（100字マス・30/60/90/120字目盛り）

22 / ( )	理解度（どれか○）	とても理解できた　よく理解できた　あまり理解できなかった　まったく理解できなかった 　　　4　　　・　　　3　　　・　　　2　　　・　　　1	
	あてはまるものに○ （最大3つまで）	知識につながりをもたせることができた　・　共通点や異なる点を見つけることができた　・　様々な見方や考え方をふまえ考えることができた　・　資料を根拠に考えをもつことができた　・　自分の言葉で書くことができた　・　考えを説明することができた　・　意欲的に取り組むことができた　・　興味関心をもつことができた	
	本時の問い	古代の世界の文明には、どのような共通点が見られるのだろうか	

（100字マス・30/60/90/120字目盛り）

23 / ( )	理解度（どれか○）	とても理解できた　よく理解できた　あまり理解できなかった　まったく理解できなかった 　　　4　　　・　　　3　　　・　　　2　　　・　　　1	
	あてはまるものに○ （最大3つまで）	知識につながりをもたせることができた　・　共通点や異なる点を見つけることができた　・　様々な見方や考え方をふまえ考えることができた　・　資料を根拠に考えをもつことができた　・　自分の言葉で書くことができた　・　考えを説明することができた　・　意欲的に取り組むことができた　・　興味関心をもつことができた	
	本時の問い	古代ギリシア・ローマでは、どのような文明が築かれたのだろうか	

（100字マス・30/60/90/120字目盛り）

24 / ( )	理解度（どれか○）	とても理解できた　よく理解できた　あまり理解できなかった　まったく理解できなかった 　　　4　　　・　　　3　　　・　　　2　　　・　　　1	
	あてはまるものに○ （最大3つまで）	知識につながりをもたせることができた　・　共通点や異なる点を見つけることができた　・　様々な見方や考え方をふまえ考えることができた　・　資料を根拠に考えをもつことができた　・　自分の言葉で書くことができた　・　考えを説明することができた　・　意欲的に取り組むことができた　・　興味関心をもつことができた	
	単元を貫く問い	文明が成立する条件にはどのようなことがあるだろうか	

（100字マス・30/60/90/120字目盛り）

現任校で用いている振り返りシート

コラム7　振り返りシート・評価の工夫について

実践 **10**

風刺画を用いた授業展開
―中国分割から日露戦争について―

及川俊浩

■ 目標

　欧米諸国のそれぞれの思惑が交錯し，のちに日本も帝国主義へ傾いていくこととなった日露戦争に着目し，第一次世界大戦へとつなげていけるような時間になるように配慮し，生徒たちには考える時間をとおして前時までの知識を活用できるように，次の時間以降へのつながりをつけられるようにすることを目標とする。従来型の授業のなかで，時間すべてが知識伝達の時間になるのではなく，三つの風刺画（「魚釣り遊び」「王様たちのケーキ」「火中の栗」）を利用して絵画から当時の状況など，とくにロシアと日本の関係を考察することができるように授業を行う。基本的には受験クラスの世界史Ｂ（選択）の授業として行っているが，1年次の世界史Ａの授業にも転用できるようにしている。また，こうした授業は2022年に施行される新学習指導要領の歴史総合にも転用できると考える。

■ 授業の展開

　本時（本校は50分授業）は『詳説世界史』の第13章「帝国主義とアジアの民族運動」の第3節「アジア諸国の改革と民族運動」の最初の部分となる。19世紀末から20世紀初めにかけて，列強間の帝国主義的対立はアフリカや東アジアで激しさを増し，日清戦争により中国の弱体化が露呈，中国は列強による勢力分割競争の舞台となった。その中心はイギリスとロシアであったが，アフリカでの抗争に奔走していたイギリスにとって対ロシアの策を講ずることが難しく，日英同盟はその対抗策の一つであった。日露戦争勃発により結果的にはイギリス・フランスの接近やこれらの国への対抗からロシア援助を行ったドイツの動きがみられ，その後第一次世界大戦へすすんでいくという過程のなかで日露戦争は重要な意義をもっている。日露戦争は世界史だけでなく日本史でも扱う内容であるが，世界史の授業ということでロシアの動きを中心にして，その他の列強諸国の動向にも注意してすすめていく。

　最初に「魚釣り遊び」「王様たちのケーキ」「火中の栗」を載せたプリントと

```
2018年度・世界史B　（中国分割から日露戦争）

1．一枚目の風刺画を見て，気付いたことを書きましょう。

2．二枚目の風刺画を見て，気付いたことを書きましょう。

3．三枚目の風刺画を見て，気付いたことを書きましょう。

4．他の人との意見交換をしてみましょう。

（　）年（　）組（　）番　氏名（　　　　　　）
　　　　　　　　　　　　　　　　　　　　　　印
```

記入用紙

そのことについて記入する用紙を生徒に配布する。資料集などには詳しい説明があるが，ここでは絵画のみをみせるようにする。

導入［5分］

　まず，導入としてビゴーの風刺画「魚釣り遊び」から読み取れることをプリントに記入させる。

「魚釣り遊び」(川崎市市民ミュージアム所蔵)

実践10　風刺画を用いた授業展開　77

その際に，描かれたのが日清戦争前（1887年）ということは説明し，当時の東アジアの状況を可能な限り読み取らせる。こちらの狙いとしては釣りをしている人物が何をあらわしているか，左下に描かれている魚に「CORÉE」と書かれていること，この文字が何を意味しているかに気づいてほしい。朝鮮半島をめぐる日本と清の対立，さらにそれを横取りしようとしているのがロシアということを読み取ることができれば，まずはよいと考えられる。まれに「CORÉE」は何語なのかと疑問をもつ生徒もいて，ビゴーがフランス人で，日本の時事問題についての風刺画を多く残していることなどを説明したくなるが，あえて説明せずにそれを調べる宿題を出すこともある。この書き込み自体は考える時間もあわせて大体5分程度で行う。

展開1〔20分〕

次に教科書の「中国分割の危機」の部分の説明を行うが，途中で列強の「中国分割」の風刺画「王様たちのケーキ」を提示して生徒に読み取らせ，プリントに記入させる。その際，ノーヒントで行う場合もあれば，「描かれている人物はそれぞれどこの国を表しているか」「日本とロシアを示しているのはどの人物か」などの質問をする場合もある。こちらの狙いとしてはケーキが東アジアをあらわしており，中央に描かれている2人が日本とロシア（明治天皇とニコライ2世）であること，そしてこの2人が奪い合おうとしているピースには「CORÉE」の文字が書かれていることに気づいてくれればよい。できれば「魚釣り遊び」に同じ「CORÉE」の文字が書かれていたことにも気づいてほしい。ここでの考える時間は10分程度を設定。時間を多めに取るのは「魚釣り遊び」の風刺画とつなげて考えてほしいからである。この2枚の絵と以前の授業で学習した内容を結びつけて，ロシアが中国や朝鮮を狙うようになった背景を考えられるようになってほしいので，この授業の前に宿題としてロシアの南下政策などについての確認のプリントをやらせることも多い。1878年のベルリン会議によりヨーロ

「王様たちのケーキ」

ッパ方面での領土獲得が難しくなったロシアがアジア方面に目を向け始めたことなど，以前の学習内容とつなげて考えられるようになってほしい。

展開2［15分］

この後は戊戌の変法や戊戌の政変，そして義和団事件までの説明をする。

「火中の栗」(日本近代史研究会提供)

さらに日英同盟締結の内容を扱ったあとに，三つ目の風刺画「火中の栗」を提示する。ここでも生徒たちに絵から読み取れることをプリントに記入させる。また，この風刺画は1903年に出されたものであることを指摘し，生徒の様子をみながら場合によってはヒントを出したりする。時間は5分程度に設定。こちらの狙いとしては日英同盟が成立し，いよいよ日本とロシアの直接対決が避けられない状況であることを感じ取ってほしい。火の中にある「栗」が朝鮮や満州であること，同盟を結んだイギリスに「栗」を拾うようにうながされていること，描かれている体の大きさの違いなどが意見として出てくればよい。それから，イギリスの後ろで様子をみているアメリカの存在。モンロー教書によるアメリカの立場を考え，中国市場に関心を強めながら，その進出の遅れを痛感していたアメリカのジョン・ヘイによる門戸開放宣言を思い出せるとよい。

まとめ［10分］

この後，日露戦争の説明を行う際，以前に学習済みである第1次ロシア革命（血の日曜日事件など）がこの時期であることを確認する。これは発問形式で行う。ポーツマス条約の内容を確認し，さらに日本が大国ロシアに勝ったことがアジア地域の国々の民族的意識を高めた点や，その後の日本が帝国主義的政策を展開していくこと，日本とイギリスがロシアとも手を結び，日露戦争開戦と同じ年には英仏協商が締結されていたことにもふれ，イギリス・フランス・ロシアによる三国協商が成立したところまでふれて，本時の授業をまとめる。

■ 授業展開時のポイント

私は授業を行う際に，授業中に生徒が思考・判断・表現を少しでも行う時間を確保することを心がけている。50分の授業で育成したい力のすべてをつける

ことは難しいが，1年間の授業をとおしてあるいは3年間の授業等をとおしてと考えれば，少しは気が楽になるし，生徒たちの向上も感じやすくなるかと思う。今回の授業もその時間だけのものではなく，それ以前に学習した内容や活動をふまえて展開している。

ところで，生徒が考えた内容を表現する際に，本来ならば風刺画から読み取った内容をほかの生徒と共有する時間を設定したいところである。ペアやグループをつくって活動したいが，一方で集団での活動が苦手，あるいは難しい生徒の存在も忘れてはいけない。将来的なことを考えれば，ペアやグループによる活動が必要なことは理解しているが，それをすることにより体調面の不調等を訴える生徒がいることも現状。この授業を展開する場合には基本的にはペアやグループで情報の共有の時間をもつが，もしそのような活動が難しい生徒がいた場合には，無理をさせず個人作業を中心に行わせる。作業の時間中は机間巡視を行うので，その時に個人で作業をしている生徒には声をかけるようにし，教員と対話を行うような工夫を考えている。

生徒が考察する活動を授業中に取り入れるには，教員側の我慢が必要になるだろう。事実私自身何度も失敗し，何度もやり方を考え，変更したりもしている。この内容も昔から続けてきたものではなく，これからもこのやり方を続けていくかどうかはわからない。

評価

この授業における評価のポイントは二つあり，一つは生徒たちが風刺画から読み取り，記入したプリントの内容もさることながら，きちんと記入自体がされているかどうかを確認する。なかには突拍子もない記述もみられるが，まずは記入されていることが大切である。

もう一つは振り返りのプリントの提出。私は基本的には振り返りを2回行うように指示する。授業後の振り返りと帰宅後の振り返り。とくに帰宅後の振り返りは当日に受けた授業の復習を確実に行ってもらいたいという考えから始めた。振り返りの用紙には当日の授業の内容に関する問題もいくつか出す（資料参照）。このことにより，授業後の疑問点が解消した，あるいは新たな疑問が浮かんできたなどさまざまな反応がみられるので，生徒の理解度や何よりも自分の授業の見直しにも効果的であると考えている[1]。

```
┌─────────────────────────────────────────────────────────┐
│              2018年度・世界史Ｂ　ＮＯ．○○（例）          │
│                                                         │
│  １．戊戌の変法について説明しましょう。                 │
│                                                         │
│                                                         │
│                                                         │
│  ２．日露戦争の終結に至る経緯を説明しましょう。         │
│                                                         │
│                                                         │
│                                                         │
│  ３．日露戦争の講和条約の内容について説明しましょう。   │
│                                                         │
│                                                         │
│                                                         │
│  ☆今日の授業でわかったこと，わからなかったことは？     │
│                                                         │
│                                                         │
│  ★自宅での復習でわかったこと，わからなかったことは？   │
│                                                         │
│                                                         │
│                                                         │
│         （　）年（　）組（　）番　氏名（　　　　　　）  │
│                                                      印 │
└─────────────────────────────────────────────────────────┘
　振り返りのプリント

【参考文献】
加藤祐三・川北稔『世界の歴史25　アジアと欧米世界』中央公論社，1998年
浜下武志ほか『岩波講座世界歴史20　アジアの〈近代〉　19世紀』岩波書店，1999年
山内昌之ほか『岩波講座世界歴史23　アジアとヨーロッパ　1900年代-20年代』岩波書店，
　1999年
ジェレミー・ブラック監修，牧人舎訳『世界史アトラス　ATLAS of WORLD HISTORY』集
　英社，2001年

【注】
1　この内容に関しては山川出版社から発行されている『歴史と地理』700号（2016.12）を参
　照。
```

コラム ⑧
問いとそのタイミング

及川俊浩

　2022年に施行される新学習指導要領に"問い"についての内容が盛り込まれてきている。問いを発することはだれしもが行ってきたであろうが，ここでは"問い方"について考えてみたい。

　私が授業等で注意していることは知識の確認だけで終わらないやり方の工夫である。①「オリエントを初めて統一したのは？」では，答えは「アッシリア」で終わる。②「アッシリアの統一が短期間で崩壊し，より広大なアケメネス朝が長く続いたのはなぜか？」という問いに対しては学習した内容をもとに考え表現することが必要となる。①のような問いばかりあるいは②のような問いばかりと偏ってしまうのも考えものである。以前は私も①タイプの質問ばかりをしていたが，最近は授業中に少なくとも1〜2個の②タイプの質問を発するようにしている。私の授業は時間すべてを使って考えさせるものは少ない。説明の時間も確保して知識を身につけさせ，それを活用できるようにすることを心がけている。最初は気合いを入れすぎて生徒の実情を考えない難しい質問ばかりを考えていたが，今は生徒の様子をみながら問いを発するようにしている。

　①と②の両方が必要である。②タイプに慣れていない方は何とか生徒が考えてくれる問いを一つでもよいので授業中に発してみてください。②は教科書や資料集に記載されている問いをうまく利用してみてはいかがでしょうか（たとえば『要説世界史』30頁）。

　では授業のいつ問えばよいか？　これはそれぞれの先生方の展開次第である。単元などにもよるが私は大体最初に①タイプの質問をし，授業の中盤や終盤で②タイプの質問を出すことが多い。宿題として②タイプの質問を毎回出すようにしている。こちらは本編の振り返りシートを参考にしてください。生徒の活動が活性化するように工夫することが大切である。

実践 11

パズルで学ぶ第一次世界大戦開戦までの流れ
― 二大陣営形成への動きについて ―

及川俊浩

■ 目標

　第一次世界大戦にいたる経緯を19世紀中頃からの国際関係，とくに二大陣営（協商国と同盟国）の利害対立や成り立ちに注目してパズル形式で生徒に作業させながら理解させる。

　この内容は『詳説世界史』第13章「帝国主義とアジアの民族運動」の第2節「世界分割と列強対立」の最後の項目である「列強の二極分化」と第14章「二つの世界大戦」の第1節「第一次世界大戦とロシア革命」の冒頭の項目「バルカン半島の危機」を組みあわせたものとなるので，第14章の最初の時間で行う。

　授業の中で『詳説世界史』321頁や『詳説世界史図録』220頁にのっているような国際関係の図を生徒に自ら作成させ，第一次世界大戦前の二大陣営の対立の構造を理解できるようにすることが目的である。

■ 授業の展開

　19世紀中頃から六つの段階に区分してヨーロッパを中心とした国際関係（対立，協調等）の変遷を図式化し，その際に生徒がそれぞれの時代で学習した知識を活用し，つなぎあわせることができるように展開する。始めに国を示す枠などを記したプリント（資料①〜⑥）を配布して，適宜，説明やアドバイスを示しながら，各段階の国際関係図を完成させていく。

　なお，グループで取り組ませたり，黒板に国名を書いたＡ4判の紙を掲示し，同盟関係や対立関係をあらわす実線や矢印などを書きこんで，クラス全体で進めたりする場合もある。

　まず，1番目は19世紀中頃のヨーロッパの様子について。この段階では，ロシアは南下政策の展開によってイギリスやフランスと対立することが多かったこと，サルデーニャ王国がイタリア統一に向かうためクリミア戦争に参戦したことやフランス（ナポレオン3世）と手を結ぶがナポレオン3世に土壇場で手を引かれたこと，そしてドイツ統一最後の障害であるフランスとの戦争が確認できることが目標である。（資料①を作成）

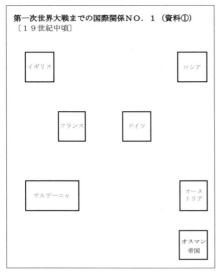
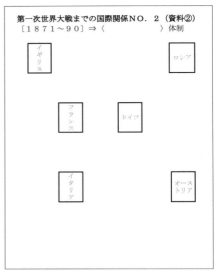

　2番目は1871年から1890年の様子について。ドイツのビスマルクによる『ビスマルク外交』の展開によりフランスを孤立させるためにイタリア，オーストリアと同盟を結ぶが，イタリアとオーストリアの間には「未回収のイタリア」という問題が残っていること，そしてフランスと手を結ばせないためロシアとの関係を重視したこと(ベルリン条約で南下政策がくじかれアジアに路線変更，ロシアとオーストリアとの関係が悪化し三帝同盟が消滅後再保障条約締結など)，「光栄ある孤立」を保っているイギリスの様子を確認させることが目標である。(資料②を作成)

　3番目は1890年から1904年の様子について。ここはヴィルヘルム2世が即位し，ビスマルク辞職後，「世界戦略」の名のもとに帝国主義を展開し，イギリスとの対立を深めていったこと(3B政策と3C政策等)，孤立化から解放されたフランスがロシアと接近したこと，アフリカで対立していたイギリス・フランスがドイツという共通の敵に対して手を結んだこと，アジアへの進出を積極化してきたロシアに対して利害が一致した日本とイギリスが同盟を結んだことが理解できることが目標である。(資料③を作成)

　4番目は1905年以降の様子について。日露戦争後，ロシアの矛先がバルカン半島になったためドイツ・オーストリアとの対立を深め，ロシアはイギリスと手を結ぶ。その結果二大陣営(三国協商と三国同盟)が成立することを理解する

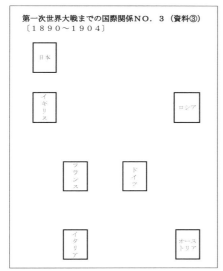

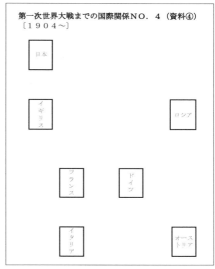

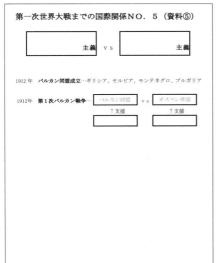

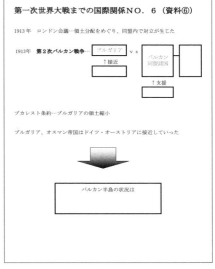

ことが目標。この後，バルカン半島に注目すること，イタリアとオーストリアとの関係は微妙であったこともあわせて理解させたい。（資料④を作成）

5番目は第1次バルカン戦争の様子について。ここに関してはまずパン・ゲルマン主義とパン・スラヴ主義についての説明をし，図の作成をすすめていく。（資料⑤を作成）

6番目は第2次バルカン戦争の様子について。説明をしながら図を完成させ，第一次世界大戦直前の国際関係とバルカン半島の様子を確認する。（資料⑥を作成）

■ 授業展開時のポイント

資料①と資料②の作業については復習の意味合いが強い。なるべく時間をかけずにすすめたいが，違う項目で学習した内容をまとめる作業となるので生徒の様子をしっかりと見守りたい。

資料③と資料④に関しては「列強の二極分化」の内容となるので教科書をみながらすすめていくことができるが，その際，この項目にはない知識（たとえばアフリカ分割など）を利用することができるかが一つの鍵となる。

また，国際関係の図に「なぜこのような対立関係が成立したか，説明してみよう」などの問いをつけている教科書もあるが，このような問いを利用して短時間でも考える時間を設けられたらよいと考える。

いずれにしても，生徒の理解度にあわせた設定を心がける。たとえば，できそうな生徒たちであれば，資料中の国名の枠は空欄でよいし，黒板に掲示する紙には生徒に国名を書かせてもよいが，そうでなければ，あらかじめいくつかの国の名前を提示したり，記入しておいたりするなど，生徒にあわせることが大切である。

また，黒板の掲示についても教員が生徒の意見を聞きながら行う場合と，生徒たちに行わせる場合とが考えられる。生徒にさせる場合は，資料①～④の4区分を4グループに分担させてもよい。実践10の内容と重なるが，グループ作業が苦手な生徒がいることも想定し，その場合にはとくにプリントによる作業に取り組ませ，机間巡視しながら声がけする。グループ発表の際にはきちんとそちらを注目させることも忘れずに指示をする。

評価

　この授業における評価のポイントは二つ。一つは作業時に使用したプリントを回収し，どの程度まで書けているかを確認する。本来であればグループワークの内容もいれたいところだが，まずは最低限の作業を行えたかを判断している。もう一つは実践10同様振り返りのプリントの提出である。本時に関しては作業もさることながら知識量も相当のものが要求されるので，振り返りをしっかり行わせ，理解の度合いをみる。振り返りのプリントで生徒の理解度を確認し，次の第一次世界大戦の授業に活かすとよい。

2018年度・世界史B　NO.○○（例）

１．19世紀後半の情勢の大きな変化を説明してみましょう。

２．ヨーロッパの火薬庫とはどのような状況を示していると考えられますか，説明しましょう。

☆今日の授業でわかったこと，わからなかったことは？

★自宅での復習でわかったこと，わからなかったことは？

（　　）年（　　）組（　　）番　氏名（　　　　　　　　　）

印

振り返りのプリント

【参考文献】
加藤祐三・川北稔『世界の歴史25　アジアと欧米世界』中央公論社，1998年
木村靖二・柴宜弘・長沼秀世『世界の歴史26　世界大戦と現代文化の開幕』中央公論社，1997年
谷川稔・北原敦・鈴木健夫・村岡健次『世界の歴史22　近代ヨーロッパの情熱と苦悩』中央公論社，1999年
山内昌之ほか『岩波講座世界歴史23　アジアとヨーロッパ　1900年代-20年代』岩波書店，1999年
ジェレミー・ブラック監修，牧人舎訳『世界史アトラス　ATLAS of WORLD HISTORY』集英社，2001年

コラム ⑨
生徒に問題を作成させる

及川俊浩

　チョーク＆トークの授業や受験のための講習ばかりを行う日々を過ごし，センター試験対策や私大入試対策の問題演習をやりながら，「どうしたらもう少し理解度が上がるか？」と考えていたときに，やってみたことが生徒に問題を作成させることだった。問題から答えを考えるのではなく，答えとなるワードから問題を考えるという作業を取り入れた。ただし，最初からすべて生徒に任せるのは難しいので以下のように行った。

　単元の学習が終わるごとに単元のなかから選んだワードを生徒に提示。生徒はそのワードが答えとなるような問題文を作成する。問題作成は宿題とし，グループもしくは個人で取り組ませた。従って問題作成担当は一部の生徒となるので，問題作成はローテーションとなる。問題は次の授業時間に発表。作成者たちは解答者を指名し，その後採点後，質疑応答。ここまでをまずは実施した。このときは作成のポイント等は指示せずに行った。実施当初は問題提示に時間がかかり，生徒も私も大変苦労した。

　しかし慣れてくると作題への工夫がみられるようになり，意外と面白い内容のものが出てくる。様子を見守っていたり，生徒に聞いてみたりすると，どうも大学入試の問題演習が参考になっていたらしい。文章や出題形式をまねて行っていた生徒が少なくなかった。定期考査の問題を参考にしてつくってきたときには，ある意味よい内省の機会となった。

　この取り組みは実施している年と実施していない年がある。生徒の様子をみて決めている。ある年には問題文をつなぎ合わせると流れが理解できそうな場合があり，工夫の跡がみられた。

【参考文献】
ダン・ロスステイン，ルース・サンタナ，吉田新一郎訳『たった一つを変えるだけ　クラスも教師も自立する「質問づくり」』新評論，2015年

おわりに

　さて，本書に掲載された先生方の授業内容をお読みになった感想はいかがでしょうか？　今後の授業改善への参考に出来そうでしょうか？

　「主体的・対話的で深い学び」あるいは「アクティブ・ラーニング」，このような言葉だけが一人歩きしているようにも思われます。実際にアクティブ・ラーニングという言葉に批判的な意見を聞くこともあります。

　まずは一人歩きしている言葉に惑わされずに，みなさんの目の前にいる生徒が社会に出たときに困らずに生きていける力を身につけるための手伝いを，僅かでもご自分の授業で出来るように工夫してみてはいかがでしょうか？

　さて，次の文章は編者の一人の体験を通した考えです。

　小学生の頃，古代エジプト展を見たことと伝記をたくさん読んだことが歴史に**興味**を持つきっかけでした。

　さらに**関心**を持つようになったのは高校時代，放課後に行われた世界史の講習の時間でした。担当の教員は単に問題の解答解説だけではなく，そこからたくさんの問題を派生させ，さまざまな**質問**をしてきました。ついていくには事前に**調べていくこと**が必要となり鍛えられました。

　大学時代，西洋古代史のゼミを選択。古代エジプトを研究対象と考えて入学したものの，大学で学ぶうちにすっかり古代ギリシアや古代ローマの時代に魅了されました。**講義も面白かったのですが**，ゼミの時間や講義後に先生方の研究室を訪ねて，**歴史についての話をすること**が何より楽しかったように思います。大学卒業後もしばらくは先生方の研究室を訪ねては歴史談義，場所を変えてお茶を飲みながらまた歴史談義。特に**卒業後，先生方との対話により，在学時まで漠然としていた内容が腑に落ちるようなこと**が多く感じられました。

　教員になると，ひたすらチョーク＆トークの授業を展開し，エピソ

ードを話すことで歴史の面白さを生徒に伝えようとした日々でしたが，振り返ってみると，興味・関心を持ち，学び続けられたこと，ゼミの仲間や先生方との対話，そのことにより深まりを見せたこと，そしてそのことを振り返ることが出来たこと，自分が経験してきたものが，**主体的・対話的で深い学び**ではないかと思い始めています。

　本書の作成にあたっては少しでも変わろうとしている全国の先生方の存在が欠かせません。これまで関わりを持つことが出来た先生方をはじめ教育に携わる方々に感謝申し上げます。特に本書をはじめさまざまな悩みに的確な助言をいただけた福岡県教育センターの宮原清先生，リクルートマーケティングパートナーズ『キャリアガイダンス』編集長・山下真司氏に感謝申し上げます。最後に，雑談から飛び出たこの企画を形にしていただけたことを，編集に携わっていただいた全ての方々に心から感謝申し上げます。

編　者

アクティブ・ラーニングに関するおすすめの書籍

川嶋直・皆川雅樹編著『アクティブラーニングに導くKP法実践　教室で活用できる紙芝居プレゼンテーション法』みくに出版，2016年

教職員支援機構編著『主体的・対話的で深い学びを拓く　アクティブ・ラーニングの視点から授業を改善し授業力を高める』学事出版，2018年

慶應義塾大学教養研究センター監修，新井和広・坂倉杏介著『グループ学習入門　学びあう場づくりの技法』慶應義塾大学出版会，2013年

小山英樹・峯下隆志・鈴木建生『この一冊でわかる！アクティブラーニング』PHP研究所，2016年

鹿内信善編著『協同学習ツールのつくり方いかし方　看図アプローチで育てる学びの力』ナカニシヤ出版，2013年

杉江修治編著『協同学習がつくるアクティブ・ラーニング』明治図書出版，2016年

田尻信壹『探究的世界史学習の創造　思考力・判断力・表現力を育む授業作り』梓出版社，2013年

多田孝志『対話型授業の理論と実践　深い思考を生起させる12の要件』教育出版，2018年

津村俊充『プロセス・エデュケーション　学びを支援するファシリテーションの理論と実際』金子書房，2012年

内藤圭太『単元を貫く「発問」でつくる中学校社会科授業モデル30』明治図書出版，2015年

長尾彰『宇宙兄弟「完璧なリーダー」は，もういらない。』学研プラス，2018年

永松靖典編『歴史的思考力を育てる　歴史学習のアクティブ・ラーニング』山川出版社，2017年

日本教育方法学会編『アクティブ・ラーニングの教育方法学的検討』図書文化社，2016年

野﨑雅秀『これからの「歴史教育法」』山川出版社，2017年

福井憲彦・田尻信壹編著『歴史的思考力を伸ばす世界史授業デザイン』明治図書出版，2012年

溝上慎一『アクティブラーニング型授業の基本形と生徒の身体性』東信堂，2018年

溝上慎一編『高等学校におけるアクティブラーニング　理論編』東信堂，2016年

ジョージ・ジェイコブズ，マイケル・パワー，ロー・ワン・イン，伏野久美子・木村春美訳，関田一彦監訳『先生のためのアイディアブック　協同学習の基本原則とテクニック』日本協同教育学会，2005年

ピーター・H・ジョンストン，長田友紀・迎勝彦・吉田新一郎編訳『言葉を選ぶ，授業が変わる！』ミネルヴァ書房，2018年

ダン・ロススティン，ルース・サンタナ，吉田新一郎訳『たった一つを変えるだけ　クラスも教師も自立する「質問づくり」』新評論，2015年

フィリップ・ヤノウィン，京都造形芸術大学アート・コミュニケーション研究センター訳『学力をのばす美術鑑賞　ヴィジュアル・シンキング・ストラテジーズ』淡交社，2015年

編　者
　及川　俊浩　おいかわとしひろ（聖ドミニコ学院中学校高等学校）
　杉山比呂之　すぎやまひろゆき（専修大学附属高等学校）

執筆者
　荒井　雅子　あらいまさこ（立教新座中学校・高等学校）
　海上　尚美　うなかみなおみ（東京都立浅草高等学校）
　及川　俊浩　おいかわとしひろ
　佐藤　慎也　さとうしんや（東京都立大泉高等学校附属中学校）
　山岡　晃　　やまおかあきら（甲南高等学校・中学校）

五十音順，所属は2019年3月現在

アクティブ・ラーニング実践集　世界史

2019年3月20日　第1版第1刷印刷　　2019年3月30日　第1版第1刷発行

編　者　　及川俊浩　杉山比呂之
発行者　　野澤伸平
発行所　　株式会社　山川出版社
　　　　　〒101-0047　東京都千代田区内神田1-13-13
　　　　　電話　03(3293)8131(営業)　03(3293)8135(編集)
　　　　　https://www.yamakawa.co.jp/　振替　00120-9-43993
印刷所　　株式会社　太平印刷社
製本所　　株式会社　ブロケード
装　幀　　菊地信義

© Toshihiro Oikawa, Hiroyuki Sugiyama 2019　Printed in Japan
ISBN978-4-634-64163-1

●造本には十分注意しておりますが，万一，落丁・乱丁本などがございましたら，小社営業部宛にお送りください。送料小社負担にてお取り替えいたします。
●定価はカバーに表示してあります。